Gérard Bonnet

Les mots pour guérir

La relation thérapeutique

Petite Bibliothèque Payot

Retrouvez l'ensemble des parutions
des Éditions Payot & Rivages sur
www.payot-rivages.fr

106, boulevard Saint-Germain, 75006 Paris.

AVANT-PROPOS

Guérir en psychanalyse

« Au commencement était l'acte », écrivait Freud. C'est malheureusement un commencement qu'on a beaucoup trop oublié, du moins en ce qui le concerne. Car l'acte qu'il a accompli au début de son œuvre, auquel il tenait plus qu'à toute autre chose, en véritable « médecin de l'âme » qu'il a toujours voulu être, a un nom : c'est l'acte thérapeutique, celui dont il a été le témoin médusé auprès des hystériques et dont il s'est efforcé de rendre compte ensuite tout au long de son existence de thérapeute et de chercheur.

En 1881, Friedrich Nietzsche, dans *Aurore*, a ce texte fameux intitulé : « Où sont les véritables médecins de l'âme [1] ? » Il y jette la même opprobre sur la médecine de son époque et sur les charlatans en tous genres qui répondent à la souffrance humaine en l'entretenant à leur insu. À cette époque exactement, Breuer découvrait la « *talking cure* » avec Anna O [2] et on peut dire que Freud a entendu l'appel du grand philosophe, répercuté par la demande des hystériques en accordant aux mots un rôle déterminant. Mais quels mots et dans quelles conditions ?

J'ai défini le transfert comme « la mise en acte de deux inconscients », celui de l'analysant et celui de l'analyste, une mise en acte qui résulte de leur mise en tension dans tous les sens du terme. Cette double mise en acte n'a rien d'un jeu plaisant et passager, c'est une épreuve terrible, et si l'on s'y soumet c'est dans un dessein bien précis : pour qu'en jaillissent à certains moments des mots uniques, bouleversants, modifiant l'économie des sujets concernés, des mots pour guérir. Or ceux-ci ne dépendent à proprement parler ni de l'un ni de l'autre, mais de la relation intime et personnelle qui s'est nouée à tous les niveaux entre les deux protagonistes du transfert. Leur surgissement *devient thérapeutique dans la mesure où cette relation les porte et les dynamise en profondeur.*

« Au commencement était l'acte » : l'expression est aussi à entendre d'un point de vue génétique, historique. La psyché humaine naît d'un acte premier, impossible à cerner, qui équivaut au total à un espèce de big-bang, à un cataclysme. Dès les premiers soins, l'enfant se trouve soumis aux sollicitations des adultes et reçoit d'eux des paroles, des gestes, des images imprégnés de désirs refoulés, qui constituent pour lui de véritables énigmes. Quelles que soient les précautions prises et les explications données, cette relation première équivaut toujours pour lui à une séduction, à un traumatisme qu'il va refouler mais dont il restera travaillé à son insu tout au long de son existence. Ce questionnement, ces failles vont se manifester d'une façon plus intense aux grands moments de crise, de rupture, d'épreuves, de déceptions, donnant naissance à des symptômes en tous genres. *Nous allons voir dans un premier temps comment l'acte thérapeutique se situe très précisément en contrepoint à cet acte premier.* Il est au commencement de l'œuvre freudienne parce qu'il se pose en contrepoint à cet acte mythique qui est au commencement de la psyché. Pour qu'elle soit efficace, la relation thérapeutique doit donc d'abord et avant tout épouser les conditions premières de ce surgissement.

Pour parvenir à ses fins, il lui faut ensuite tenir compte des trois instances de la psyché adulte telles qu'elles ont été dégagées par Freud avec la seconde topique – le moi, le surmoi avec les idéaux, et le ça.

Compte tenu du fait qu'il est chargé des intérêts immédiats de la personne, intérêts autoconservatifs avant tout, *le moi confronté à la maladie ou au symptôme pousse à des solutions radicales, et il prête curieusement main-forte aux pulsions les plus violentes.* Toute forme de trouble psychique est vécu par lui comme un mal et le moi vise avant tout à « se libérer du mal », à n'importe quel prix. C'est pourquoi la relation thérapeutique qui ne s'appuie que sur lui est toujours problématique et dangereuse. On comprend par là les mises en garde de Lacan vis-à-vis d'une psychanalyse fondée en priorité et même exclusivement parfois sur cette seule instance, l'*Ego Psychology* en particulier. Ceci dit, qu'on le veuille ou non, le moi existe, il intervient d'entrée de jeu dans la relation thérapeutique, parfois plus vite qu'on ne le voudrait, et il est donc nécessaire d'en repérer les stratégies qui sont inévitables, surtout dans certaines structures, pour en tirer éventuellement parti et pour s'en dégager. C'est ce que nous ferons dans la seconde partie de cet ouvrage.

Il faut aussi tenir compte du *surmoi* et surtout des *idéaux* qui jouent dans la relation thérapeutique un rôle considérable, nous inspirant des tactiques issues des croyances d'autrefois et qui ne sont pas sans effets immédiats. Quand un être souffre, quand il ne parvient pas à émerger d'un deuil, d'une injustice, il est bien rare qu'il ne soit pas victime d'idéaux plus ou moins inconscients qui l'écrasent ou bien le persécutent, et leur mise à jour donne lieu parfois à des effets thérapeutiques inattendus. Charcot s'en étonnait déjà à propos des fameux miracles de Lourdes, et aussi à propos de ceux qu'il produisait en quelque sorte avec les hystériques. *Il n'est pas possible de nouer une relation thérapeutique solide et efficace sans se fonder sur certains idéaux, mais il faut se montrer d'autant plus vigilant que ceux-ci risquent à tout instant de transformer cette relation en mini-secte ou en folie à deux* – ou à plus, selon les cas –, donnant naissance à une relation thérapeutique dont les mots vraiment libérateurs sont définitivement exclus.

C'est finalement en s'appuyant sur le *ça,* et sur le monde grouillant, intempestif et envahissant des *pulsions* de toutes sortes qui en émergent à tout instant, qu'une relation thérapeutique a le plus de chances de se produire. Les thérapies abondent aujourd'hui qui sont fondées sur l'écoute musicale, sur les postures du corps, la visualisation, la respiration, une alimentation saine, des techniques corporelles, le conditionnement, etc. Et pourquoi pas ? Ce qu'on oublie un peu trop, c'est que toutes ces pratiques correspondent à des mouvements pulsionnels intimes et personnels, et que ceux-ci peuvent aussi bien éclore et se manifester dans le cadre d'une analyse. Bien plus, ils trouvent là un champ d'expérimentation sans limites où on peut dépasser leur contenu manifeste pour que viennent enfin les mots qui guérissent. *Une chose est sûre, c'est que leur efficacité naît de la poussée pulsionnelle chaque fois que celle-ci trouve à aller jusqu'à son terme sans risques excessifs.*

En définitive, l'objectif n'est pas tant de soigner ou de guérir que d'accompagner le sujet dans une quête légitime : celle qui le conduira à retrouver la libre jouissance des potentialités thérapeutiques dont certains mots sont porteurs et dont l'autre n'est jamais que le révélateur et le catalyseur.

CHAPITRE PREMIER

La relation thérapeutique : histoire et fondements

1. Nous sommes malades des autres

LES RELATIONS HUMAINES ET LEURS EFFETS PATHOGÈNES

S'agissant des relations humaines, la psychanalyse n'est pas précisément optimiste : pour elle, tous nos troubles, quels qu'ils soient, prennent leur source dans nos relations aux autres, et si la cure a une raison d'être, c'est parce qu'elle permet de les retrouver, de les faire resurgir, pour tenter de nous en dégager. Les relations sont donc d'abord et avant tout pathogènes, et si elles sont aussi thérapeutiques, c'est plutôt l'exception. Voilà qui inverse complètement la perspective la plus couramment adoptée, puisque nous sommes obligés d'envisager la relation thérapeutique en commençant par prendre en compte son contraire. Cela rejoint d'ailleurs une expérience très précoce : aux tous débuts de l'existence et à l'un des moments clés de la structuration, le monde extérieur est ressenti par l'enfant comme essentiellement hostile [1]. Une psychotique disait récemment, après un long temps de travail analytique : « J'ai changé, je vais beaucoup mieux, mais les gens, eux, sont toujours aussi fous, et ils me font toujours très peur. »

Cela signifie que les troubles que nous connaissons prennent leur source dans la relation à ceux qui nous sont les plus proches, à qui nous tenons le plus. Comme nous ne pouvons nous passer d'eux pour vivre et pour survivre, nous ne disposons d'aucun moyen d'échapper à cette contamination originelle qui nous poursuit ensuite toute l'existence. Ceux qui nous donnent la vie, qui assurent notre subsistance, notre éducation, sont aussi ceux qui engendrent nos malaises, nos difficultés, et ce sont eux qui finalement nous donnent la mort, même et surtout quand ils se sont acquittés au mieux de leur tâche. C'est pourquoi il faut préciser que si nous sommes malades des autres, ceux-ci ne s'en rendent pas compte, cette contamination s'effectue sans qu'ils l'aient voulu sciemment et consciemment. Si la notion d'inconscient a un sens, c'est d'abord dans ce contexte-là : non pour excuser, pour déculpabiliser, mais pour spécifier le système relationnel particulier qui préside à tous nos échanges quels qu'ils soient et qui est à la fois le plus originel, le plus persistant et le plus agissant.

D'ailleurs, cette conviction est inscrite dans le langage courant : nous envisageons toujours spontanément la relation à partir d'un point fictif situé en l'autre, plutôt qu'à partir de nous-mêmes [2]. Quand je parle de mes relations, c'est des autres que je parle, et non pas d'abord du lien qui m'unit à eux et s'enracine en moi. Ce glissement originel est constant et ne facilite pas l'emploi de ce terme. C'est que l'homme sait confusément que l'autre est toujours pour quelque chose dans ce qui lui arrive, et cela depuis la nuit des temps ; en revanche, il éprouve davantage de difficultés à concevoir qu'il n'y est pas non plus pour rien

et que la relation humair
celle qui est radicalem
inconsciente et se trouve
difficultés, met toujours e
débuts de l'existence. C
à admettre pour les gén

L'ENSEIGNEMENT DE LA

Dans la tradition méditerranée
qui est née avec les toutes premières civilisa
croit au « mauvais œil[3] ». Tout ce qui arrive de fâcheux est immédiatement attribué à son influence. Ce que l'on sait moins, c'est que la première porteuse du mauvais œil pour un enfant, c'est sa propre mère, et que les pratiques ancestrales de toutes sortes qui ont été mises en place au fil des siècles, et dont beaucoup sont toujours en vigueur, consistent essentiellement à faire en sorte que la mère ne fasse pas du mal à son enfant sans qu'elle s'en aperçoive. Il suffit par exemple qu'elle se soit trop émerveillée devant sa progéniture, pour qu'on se mette à redouter le pire. De toute manière, quand le mal arrive, c'est toujours elle qui est d'abord mise en cause et jugée. C'est seulement dans un second temps que la mère à son tour peut légitimement projeter le mauvais œil sur quelqu'un de son entourage et jouer le rôle de protectrice à l'égard de l'enfant. À partir de ce moment-là, toutes les personnes qui mettent les pieds dans l'univers familial sont *a priori* porteuses du mauvais œil, et la mère dispose discrètement avant chaque visite un certain nombre d'objets pour assurer la protection de l'enfant. Même les meilleurs et les mieux intentionnés sont suspects : à plus forte raison ceux qui ont une raison ou une autre de jalouser la mère ou l'enfant. Cela suppose une idée du dédoublement de

rejoint l'une des convictions les plus
a mentalité primitive[4].

ne M., agoraphobe, vient consulter en institu-
compagnée d'une bénévole parce qu'elle ne peut
se déplacer seule depuis de nombreuses années.
raconte ceci : il y a dix ans, elle a souffert d'une
ssez grave dépression parce que son ami voulait la quitter, aussi est-elle allée voir un psychiatre pour demander de l'aide. Celui-ci lui a proposé une psychothérapie à raison d'une séance par semaine. Au bout de très peu de temps, elle s'est éprise de lui, de façon toute platonique bien sûr, mais ses troubles se sont aggravés à tel point qu'un an après le début du traitement elle est devenue complètement agoraphobe, c'est-à-dire saisie d'une angoisse insurmontable à la seule idée de sortir de chez elle. Et cela dure depuis dix ans maintenant : elle parvient tout juste à se rendre chez lui accompagnée, et tout le reste du temps elle demeure enfermée dans son appartement. Son ami est revenu, elle a retrouvé ses conditions de vie antérieures, et malgré tout elle ne parvient plus à vaincre son agoraphobie. Visiblement, celle-ci est née de sa relation avec son psychiatre, Madame M. est littéralement malade de lui, et elle éprouve d'autant plus de mal à l'admettre qu'elle lui en veut énormément de son état actuel et qu'elle est convaincue qu'elle n'éprouve plus le moindre sentiment pour lui[5].

Mademoiselle F. est en analyse pour des angoisses paniques qui surviennent en certaines circonstances imprévues et la rendent incapable de réagir. Au bout d'un certain temps, elle évoque les premières fois où cela lui est arrivé. C'était à l'adolescence. Elle a connu au collège une enseignante de français qui fondait toute sa pédagogie sur la libre expression : celle-ci l'incitait à rédiger ses rédactions à partir de ses sentiments propres, et elle mettait d'excellentes notes aux écrits les plus romancés et les plus personnels ; mais en même temps, comme toute sa classe d'ailleurs, Mademoiselle F. prenait un malin plaisir à braver cette enseignante en un jeu sado-masochiste de plus en plus poussé, au point que celle-ci, quelques années plus tard, a dû renoncer à pratiquer ce métier. En arrivant au lycée, Mademoiselle F. doit faire face à un professeur d'une autre trempe, qui exige qu'on se conforme aux normes en vigueur. Résultat : elle récolte des notes catastrophiques, ne parvient pas à faire face, et c'est à ce moment-là que commencent les crises dont elle souffre encore aujourd'hui. L'analyse lui permet de découvrir que celles-ci visent à faire durer le système antérieur, celui qu'elle avait créé avec son enseignante du collège, et qu'en définitive elle est toujours malade d'elle et des adultes que cette femme a incarnés à ses yeux, à son insu. Reste à préciser de quoi exactement, ce qui reste bien sûr la tâche la plus ardue – nous aurons l'occasion de nous en apercevoir.

LE RISQUE PARANOÏAQUE

Cette façon de présenter les choses, propre à la psychanalyse, appelle inévitablement une objection majeure. Ne sommes-nous pas là en plein système projectif, n'est-ce pas l'effet d'une paranoïa généralisée [6] ? Ce serait en effet le cas si on ne prenait pas la peine d'apporter un certain nombre de correctifs à cette affirmation initiale, en la confrontant précisément à la stratégie mise en œuvre par le paranoïaque. D'abord, il est bien connu que le paranoïaque incrimine l'autre en tant qu'autre ; dans le cas présent, c'est tout différent. Ce qui est mis en cause, ce n'est pas l'autre en tant que tel, c'est *la relation à un autre*, autrement dit *une occurrence survenue entre deux êtres et eux seuls* selon des données et des paramètres dont ils n'ont conscience ni l'un ni l'autre. Il est bien connu aussi que le paranoïaque généralise et attribue à cet autre tous les maux qui surviennent, alors qu'il s'agit dans le cas présent de moments, de rencontres avec diverses personnes, autrement dit *d'événements multiples et divers.* Si j'ai parlé des autres, c'est que la relation pathogène est faite de collusions entre des rencontres parfois très différentes, et qui se sont en quelque sorte renforcées. Enfin et surtout, le paranoïaque anticipe et globalise, estimant que ce qui s'est produit dans ces conditions va se reproduire à tout moment et à toute occasion. Or tout le but de l'analyse est au contraire de ramener *aux moments relationnels précis et uniques* qui sont à la source des difficultés.

Il faut donc bien préciser ce que nous entendons par relation quand nous parlons de relations pathogènes. Il s'agit de relations humaines survenues d'une manière unique et non réitérable, mettant en jeu des éléments qui sont inconnus des deux protagonistes de la relation. On revit la même expérience aujourd'hui, toutes proportions gardées, chaque fois que l'on rencontre quelqu'un pour la première fois. Lors de cette première rencontre, chacun émet à son insu une quantité innombrable d'informations et de messages : par ses paroles, mais aussi par la façon dont il est habillé, le ton qu'il utilise, la façon dont il se tient, l'heure à laquelle il arrive, la manière de tendre la main, etc. Certaines de ces informations passent et se transforment en messages, d'autres qui crèvent pourtant les yeux ne sont d'aucun effet. Les relations sont faites de ces innombrables messages échangés et des effets qui en résultent, et on se montre de plus en plus sensible aujourd'hui à la multiplicité des canaux et des signes par lesquels elles s'expriment.

La psychanalyse ajoute pourtant ceci, qui est loin de faire ailleurs l'unanimité : ces premières relations ont toujours une dimension angoissante dans la mesure où elles réactivent inévitablement les relations premières où nous étions exposés sans défense aux sollicitations de l'autre. Qu'on réagisse à cette angoisse par la méfiance ou au contraire par une bienveillance particulière ne change rien à l'affaire. Nul n'est maître de la relation, elle s'organise par-devers nous, à partir d'une multitude d'éléments de l'aujourd'hui et du passé dont nous n'avons pas conscience. En même temps, elles ont toujours une connotation sexuelle, au sens où ce qui passe de l'un à l'autre est source d'excitations inconnues, ranime le souvenir de rencontres qui ont débouché au contraire sur d'authentiques jouissances et entraîne un malaise d'autant plus grand qu'elles bravent des interdits comme ceux de l'inceste ou de l'homosexualité.

LA CRÉATION DU SYMPTÔME

Cela voudrait-il dire que nous sommes purement passifs ou réceptifs, et que la relation est pathogène uniquement du fait de l'autre et d'occurrences qui nous échappent ? En réalité, les choses sont beaucoup plus complexes. Certes, l'autre est à l'origine du malaise dans la mesure où il est toujours l'initiateur, donne le signal de départ, et que ce signal est inévitablement séducteur. Mais le malaise qui en résulte se redouble par la façon dont chacun y répond. Même si c'est l'autre qui crée par sa simple présence la source du malaise, *c'est le sujet qui invente le symptôme*, sa façon d'y répondre[7].

Dans le cas de Madame M., par exemple, on serait en droit de penser que la relation à son psychiatre est la seule raison d'être de l'apparition de son agoraphobie, et que le praticien a produit sur elle un effet dont il n'a pas mesuré toutes les conséquences. Elle l'affirme d'ailleurs sans ambages : tout est de sa faute, il devait mieux faire son métier. Il n'en reste pas moins que toutes les patientes qui vont consulter ce praticien ne deviennent pas phobiques pour autant : c'est Madame M. qui, devenue malade de lui, a en quelque sorte inventé son agoraphobie pour contenir et organiser le malaise qu'elle a ressenti à son contact. En allant le voir, elle voulait être guérie de la blessure infligée par son ami, elle lui demandait de prendre sa place. Comme il a refusé, elle s'est bâti un scénario inconscient, issu probablement de fantasmes archaïques, où il était entendu que pour garder son amour il fallait qu'elle demeure enfermée chez elle à l'attendre comme les femmes des harems d'autrefois. La relation est demeurée pathogène, elle a simplement changé dans son mode de pathologie.

Pour Freud, tout symptôme est une création du sujet lui-même, et il n'a pas hésité à comparer cette création à celle des plus grands artistes. Le côté le plus génial de chacun d'entre nous se situe donc dans sa capacité à créer nos symptômes. Autrement dit, *si nous sommes malades des autres, nous avons quand même le choix de la maladie :* c'est nous qui la mettons inconsciemment en place et qui la construisons de telle façon qu'elle soit à la fois une réponse à la séduction et une manière de la faire durer dans des limites supportables. Nous produisons ces symptômes pour que l'autre, qui est à l'origine de nos malaises, se trouve aussi dans l'obligation d'intervenir pour nous en délivrer, tout en le mettant en même temps au défi d'y parvenir. Et s'il y a un risque paranoïaque, il est plutôt ici, puisqu'en produisant ces symptômes nous généralisons la menace et que nous utilisons le même type de réponse, la même stratégie, chaque fois qu'une relation nous interpelle, même si elle n'a plus rien à voir avec la première. Cela ne s'arrête pas là : nous faisons en sorte aussi que les innombrables composantes sexuelles de la chose soient complètement effacées.

Cette façon de réagir, profondément masochiste, est incompréhensible. Pourquoi se faire mal pour entrer en contact avec l'autre, alors qu'on ignore encore quelles sont ses intentions ? La réaction de Madame M. à cet égard est très caractéristique. Quand on l'invite à oublier le psychiatre « qui l'a si mal soignée », elle répond : « Ce serait trop facile, il s'en tirerait à trop bon compte. » Elle se sert inconsciemment de son agoraphobie comme d'un reproche vivant qu'elle brandit à la face du monde. Et c'est vrai : si nous sommes originellement malades des autres, nous le leur rendons bien, nous tenons à ce qu'ils le sachent, à ce qu'ils en souffrent à leur tour, même quand ils ont disparu dans la réalité, et c'est la raison pour laquelle nous entrons dans le cercle vicieux des symptômes, au point parfois de nous y enfermer.

2. *C'est la relation thérapeutique qui pose le plus question*

« OÙ SONT LES NOUVEAUX MÉDECINS DE L'ÂME ? »

J'avais placé une étude sur l'angoisse il y a quelque temps sous l'égide de Kirkegaard, Heiddeger et les existentialistes. Celle qui porte sur le voir et l'image doit beaucoup à Merleau Ponty et à la phénoménologie, même si elle s'en est beaucoup dégagée au fil du temps. Je me référerai plus souvent cette fois à des auteurs comme Nietzsche, Schopenhauer et à la tradition dont ils se réclament, car ces philosophes ont été d'une lucidité extrême sur la question de la souffrance et de la relation thérapeutique, et ils ont contribué à créer l'énorme lame de fond freudienne qui a suivi, non sans que celle-ci ne vienne recouvrir en partie au moins leurs intuitions premières [8]. On sait combien Freud se méfiait des philosophes, et à juste raison dans la mesure où ils ont tendance à généraliser. Il n'en reste pas moins qu'ils posent souvent les vraies questions et que leur exigence de rigueur et de vérité nous est très salutaire. Nous verrons bientôt comment la tradition philosophique est elle-même issue de la quête de salut que l'homme poursuit depuis ses origines.

La question que j'ai énoncée en titre est de Friedrich Nietzsche, et il y répond dans les termes suivants, prémonitoires : « Ce sont les moyens de consolation qui ont imprimé à la vie ce caractère foncièrement misérable auquel on croit maintenant : la plus grande maladie des hommes est née de leur lutte contre leurs maladies, et les remèdes apparents ont produit à la longue un mal pire que celui qu'ils étaient censés éliminer. Par ignorance, l'on considérait les remèdes stupéfiants et enivrants qui agissaient immédiatement, ce que l'on considérait comme des "consolations", comme des curatifs proprement dits ; on ne remarquait même pas que l'on payait souvent ces soulagements immédiats par une altération de la santé, profonde et générale, que les malades souffraient des suites de l'ivresse, puis de l'absence d'ivresse et enfin d'un sentiment d'inquiétude, d'oppression, de tremblement nerveux et de malaise général. Lorsque l'on était tombé malade jusqu'à un certain degré, on ne guérissait plus – les médecins de l'âme y veillaient au milieu de la confiance et de la vénération générales. On dit, avec raison, que Schopenhauer a été le premier à avoir de nouveau pris au sérieux les souffrances de l'humanité : *où est celui qui s'avisera enfin de prendre au sérieux les remèdes à ces souffrances, et qui mettra au pilori le charlatanisme inouï avec lequel jusqu'à présent l'humanité a traité les maladies de son âme sous les noms les plus sublimes*[9] *?* » On le voit, Nietzsche n'est pas tendre avec les thérapeutes, et quand on connaît le destin pathologique qui fut le sien à la fin de sa vie, et celui d'autres philosophes après lui, y compris tout récemment Althusser, on se dit que son message vaut d'être pris au sérieux.

Je commence donc par enfoncer un peu plus le clou que j'ai planté la dernière fois, car j'adopte là un point de vue dont l'évidence est telle qu'il ne peut être que choquant et difficilement acceptable. Quand quelqu'un vient consulter aujourd'hui pour une souffrance psychique quelconque, c'est toujours parce qu'il est malade des autres. Et par le fait même, il l'est aussi d'avance et en priorité de celui à qui il s'adresse, surtout lorsque le thérapeute, comme son éthique l'y oblige, fait preuve de la plus grande ouverture et de la plus grande disponibilité. C'est un fait élémentaire mais considérable. Au début de n'importe quel traitement, quel qu'il soit, tout est en place pour que les choses empirent, pas pour qu'elles s'améliorent. Et tout l'art déployé par chaque praticien, en s'appuyant sur son appartenance, sur sa formation et son prestige, ne lui sera d'aucune utilité s'il ne parvient pas à inverser la charge initiale du système relationnel dans lequel il est pris à son insu.

Je pense que tous ceux qui reçoivent des patients et qui restent accessibles à leurs réactions sont coutumiers de l'expérience suivante : elle est peu agréable, et je sais de quoi je parle dans la mesure où je l'ai encore vécue tout récemment. Vous écoutez attentivement quelqu'un pendant plusieurs séances, plusieurs semaines, voire plusieurs mois. Vous entendez beaucoup de choses et vous en tirez l'impression qu'une thérapie va être possible et positive. Et puis un beau jour, souvent brutalement, cette personne arrive en vous disant : « Je vais cesser de venir vous voir. Cela va de plus en plus mal. D'ailleurs tous mes amis me le disent. Ce traitement me détruit complètement. » Alors que faut-il faire ? Se récrier et répondre : « Mais non, vous vous trompez, vous êtes sur la bonne voie, faites-moi confiance, je suis sûr que cela va aller mieux, etc. » ? D'abord vous n'en savez rien, et vos protestations de bonne foi ne peuvent que rendre votre position encore plus difficile. À moins qu'il ne faille réagir comme le faisait Lacan en imposant de poursuivre envers et contre tout, sans explications ? Mais c'est bien souvent peine perdue, car le procédé est de moins en moins toléré par nos contemporains, et tant mieux, car c'est la voie royale vers l'impasse. Mieux vaut se rendre à l'évidence, c'est le patient qui a raison. Comme le dit fort justement Kohut, il faut toujours croire nos analysants, même et surtout quand ils nous disent des choses qui nous blessent.

Aussi n'y a-t-il qu'une chose à faire : écouter, entendre, accepter et essayer de regarder les choses en face. « Si vous le dites, c'est probablement vrai, mais j'aimerais comprendre. Je ne vous ai pas jeté un sort. Je ne vous ai donné aucun conseil, aucune drogue, je me suis contenté de vous entendre et de vous dire quelques mots. J'aimerais bien repérer en quoi j'ai pu vous être nocif, car vous comprenez bien que c'est très grave. Je fais profession de soigner le psychisme des gens, et voilà que vous me dites que je vous fais du mal. J'aimerais bien comprendre pourquoi. » C'est de cette façon qu'on a une petite chance d'instaurer une relation qui puisse être thérapeutique par la suite.

LE TALON D'ACHILLE DE LA PSYCHANALYSE

Comment se fait-il que ce qui a été provoqué par l'intervention de l'autre ne peut être levé par cet autre avec la même facilité ? Pourquoi ce qui s'est lié dans un contexte relationnel premier ne se délie-t-il pas dans un contexte relationnel nouveau et favorable ? La question insiste d'autant plus en nous que nous entretenons tout au long de notre enfance une impression plus positive : ceux qui sans le savoir étaient à l'origine de nos troubles nous ont souvent donné l'impression qu'ils étaient les mieux placés pour nous en libérer. Or ce n'est pas aussi simple. Nietzsche le souligne avec une certaine cruauté à propos des interventions passées ou des paradis artificiels, mais cela vaut aussi pour l'enfance de chaque individu :

les « consolations » d'autrefois ont laissé autant de séquelles douloureuses qu'elles nous ont guéris réellement, et de toute façon plus nous croissons en âge et en maturité, plus ces « consolations » sont inopérantes et plus fréquents sont les troubles auxquels personne ne peut rien.

Plus inquiétant encore : lorsqu'un trouble psychologique invalidant cède à la faveur d'une relation thérapeutique, à la suite d'une quête patiente et éclairée d'un praticien et d'une action adaptée, nous nous trouvons bien gênés pour rendre compte de ce qui s'est passé exactement. Les adages abondent qui témoignent de cette impuissance : « Le médecin agit, c'est la nature qui guérit. » Certes, chaque type de thérapie apporte ses explications, en se fondant sur son idéologie, son expérience ou son histoire, mais chacune est obligée de reconnaître qu'il subsiste de très grandes zones d'ombre et que celles-ci l'emportent largement sur les parties éclairées.

Et cela n'est pas vrai seulement pour la relation psychothérapeutique. Dans la médecine la plus objective, la plus scientifique, les chercheurs connaissent de mieux en mieux les agents et les processus à l'origine des troubles physiologiques, cependant ils se heurtent toujours à la même part d'inconnu dès lors qu'il s'agit de rendre compte des processus de guérison proprement dits : le phénomène « placebo » en est la meilleure illustration[10]. Il est d'autant plus impressionnant que ce sont les expérimentalistes les plus convaincus, les chercheurs de laboratoire, qui y sont confrontés dans chacun de leurs protocoles. Ils s'aperçoivent que des molécules neutres ont pour 30 %, 40 % et même parfois plus de 50 % des sujets exactement le même effet que le tout dernier médicament mis au point au prix de longues années de recherche ! Et ils ne parlent pas beaucoup du cas inverse, ces patients qui vont plus mal alors qu'on leur a administré le bon médicament. Que dire quand il s'agit d'une action psychothérapeutique !

La psychanalyse n'est pas logée à meilleure enseigne et porte là sans doute les séquelles de ses origines médicales. Lorsqu'un symptôme cède, quand un analysant va mieux, elle est généralement en mesure de dégager les conditions qui ont permis une amélioration, de repérer le cheminement qui a conduit jusque-là ; mais il lui est souvent impossible de rendre compte de ce qui s'est réellement passé. C'est d'ailleurs l'un des reproches les plus fréquents qui lui sont faits : cette incapacité à témoigner des résultats obtenus et de les justifier, qui la maintient qu'elle le veuille ou non dans le domaine des médecines parallèles. Le gigantesque appareil théorique qui s'est développé depuis Freud a permis de mettre mieux en lumière certains aspects du fonctionnement psychique et relationnel, d'affiner notre connaissance des grandes entités psychopathologiques, toutefois il n'a pas beaucoup fait progresser la connaissance des processus thérapeutiques proprement dits. Certes, les Anglo-Saxons se sont montrés beaucoup plus attentifs que nous ne le sommes en France à la dimension clinique et thérapeutique de la psychanalyse, et c'est la principale raison du succès rencontré par certaines de leurs publications. Souvent, pourtant, leur pragmatisme ne permet pas de rendre compte des véritables processus en jeu.

J'aime à citer l'une des dernières déclarations publiques de Lacan, qui pour moi a constitué un aveu, une révélation en même temps qu'une sorte de testament, lorsqu'il a déclaré devant l'Association qu'il avait fondée et qu'il voulait dissoudre : « On ne sait toujours pas pourquoi et comment un symptôme disparaît. » Voilà un homme qui a construit un système théorique considérable et qui, au moment de mourir, énonce avec courage le point aveugle de sa théorie.

J'ai même conçu le projet à l'époque de fonder un groupe et une revue qui n'auraient que ce seul objectif : travailler et publier des moments cliniques où il est possible de progresser dans la connaissance des facteurs qui ont facilité ou qui ont bloqué une guérison. Freud n'a-t-il pas conçu ses premières publications de cas dans cet esprit ?

Cette difficulté est véritablement le talon d'Achille de la psychanalyse : il était normal qu'à ses débuts on se montre tolérant et patient, lui laissant le temps d'explorer le champ nouveau qui s'offrait à elle. Dans les quelques textes où il parle de thérapeutique, la revendication de Freud est celle-ci : qu'on lui laisse le temps, et on verra de quoi la psychanalyse est capable[11]. Ce fut d'ailleurs l'un des innombrables points de discussions entre Ferenczi et lui : le premier estime que la psychanalyse doit parvenir à guérir les maux de ceux qui s'adressent à elle et de rendre compte des processus de guérison. Le second plaide pour toujours plus de patience ; malheureusement, plus il avance dans son œuvre, plus il a tendance à considérer la guérison comme une question secondaire. À cet égard, il se comporte comme la plupart des fondateurs de nouvelles thérapies, qui revendiquent au départ des changements considérables, presque des miracles, et s'appuient ensuite sur ces premiers lauriers pour construire un système qui servira surtout de mausolée à leurs premières découvertes.

Attention : je ne veux pas dire que la psychanalyse aujourd'hui est devenue inefficace et que la relation thérapeutique n'y a pas sa place. Je pense même le contraire, et il suffit de fréquenter quelque peu des psychanalystes en groupes restreints ou bien dans les contrôles pour constater que cela reste la préoccupation majeure de beaucoup d'entre eux. Je veux dire qu'on n'a pas suffisamment exploré ce champ d'investigation, et que la part accordée à ce secteur est minime par rapport à celle qui est accordée aux autres. Or dans notre univers où l'efficacité, la rentabilité, les résultats constituent des maîtres mots, on ne peut plus se contenter d'en rester là. Il ne s'agit pas de tomber dans l'utilitarisme mais de rééquilibrer notre approche. Les idéaux ayant changé, il faut changer aussi nos priorités. La scientificité de la psychanalyse, tant revendiquée par Freud, est à ce prix : qu'elle comporte, comme la médecine, un domaine de recherche consacré à ses effets et à leurs conditions, d'autant qu'elle en a les instruments et les moyens, et que les résultats de ses investigations en ce domaine auraient beaucoup à apporter aux autres branches de la recherche dans tous les cas où elles se heurtent à des zones d'ombre pour lesquelles elles ne disposent pas des instruments et des conditions d'analyse adaptés.

FAUT-IL RENONCER À VOULOIR GUÉRIR ?

Quoi qu'il en soit, il existe une tendance très présente dans l'analyse aujourd'hui qui estime que la relation thérapeutique en tant que telle n'y a pas sa place, que plus on veut guérir plus les symptômes s'aggravent et se multiplient, et que lorsqu'on a affaire à des symptômes trop invalidants, il vaut mieux envoyer le candidat à d'autres praticiens et à d'autres pratiques plus directes : psychodrame, techniques de groupe, sexologie, techniques corporelles, etc. C'est ainsi que s'instaure peu à peu un clivage entre l'analyse et la thérapie proprement dite. À ce premier clivage vient inévitablement s'en ajouter bientôt un autre, plus insidieux, entre les bonnes et les mauvaises thérapeutiques : les premières sont celles qui se réclament de près ou de loin de l'analyse, les techniques de groupe ou le psychodrame par exemple[12]. Les secondes sont celles qui s'inspirent de la suggestion, de l'hypnose ou qui renvoient au comportementalisme et à la neurologie.

Il est indéniable que ce clivage a ses origines chez Freud lui-même. Tout en affirmant clairement dans sa définition de la psychanalyse qu'elle est aussi une technique de guérison des symptômes, il a longtemps louvoyé dans la définition du champ où elle était appelée à s'exercer. De ce fait, il n'est pas rare qu'il renvoie directement ou indirectement à d'autres modes d'approche. Dans une conférence de 1904, à des médecins, il affirme : « Nous avons développé la technique de la suggestion hypnotique et de la psychothérapie par la diversion, par la pratique et par le recours à des affects appropriés. *Je ne rejette aucune de ces méthodes et en ferais usage si quelque occasion favorable s'en présentait* [13]. » En 1910, lors du deuxième Congrès de psychanalyse que je viens de citer, il explique clairement qu'en ce qui concerne les phobies graves, il faut commencer par faire en sorte que les patients « renoncent à la protection de la phobie[14] ». Et il soutient un point de vue très proche au Congrès de Budapest en 1919[15]. Cela dit, si Freud a nettement marqué la différence entre la thérapie analytique et les autres, on ne trouve nulle part chez lui le clivage – en noir et blanc, qui est intervenu par la suite et qui est surtout dû à ses disciples lointains. Bien plus, il est clair que l'intervention thérapeutique dans l'analyse nécessite à ses yeux des actions spécifiques, qui varient selon le type de symptôme, et que celles-ci font partie intégrante du travail analytique proprement dit.

Il n'y a donc aucune raison pour que la psychanalyse renonce à guérir, ce serait à mes yeux suicidaire : elle est née de la constatation que l'hypnose n'obtenait pas tous les résultats que l'on était en droit d'attendre d'elle, et qu'en particulier elle ne permettait pas de comprendre l'origine des symptômes et donc de les soigner en profondeur. Il serait assez paradoxal qu'aujourd'hui elle renonce à ce qui fut précisément sa première raison d'être et laisse le champ libre à d'autres formes d'intervention. Qu'elle oblige à certains détours plus onéreux que les techniques actives, c'est certain. C'est la seule raison qui justifie parfois à mon sens le recours à des thérapeutiques annexes : quand une femme vient se plaindre de stérilité alors qu'elle arrive à un âge limite ; quand un blocage sexuel risque de détruire la vie d'un couple qui présente beaucoup de richesses par ailleurs. Et encore. Il s'agit surtout en l'occurrence de laisser le choix aux patients ou d'essayer de tenir compte de leur véritable demande. Mais dans tous les autres cas, y compris certains problèmes urgents comme j'en ai cité ici ou là, et sur lesquels je reviendrai en leur temps, il n'y a aucune raison pour que la psychanalyse ne soit pas opérante.

3. Les ressorts de la relation thérapeutique

LES RESSORTS LES PLUS ÉVIDENTS SONT SOUVENT DES LEURRES

Un mot d'abord concernant le leurre ou le trompe-l'œil. Le Salon des indépendants qui s'est tenu au Grand Palais fin 1993 était consacré précisément au trompe-l'œil. Ce type de tableau appartient à l'une des traditions picturales les plus anciennes et les plus solidement établies, même si à mon sens les productions qui en résultent se situent davantage du côté du symptôme que de l'œuvre d'art [16]. C'est assez fascinant, dans la mesure où le sujet représenté est plus vrai que nature : on a envie de le toucher pour vérifier.

Pourtant, il suffit de changer légèrement de point de vue, ou de varier l'approche, pour constater qu'il s'agit d'un leurre. Ce qui veut dire que la reproduction nous impressionne surtout parce qu'elle renverse les lois habituelles de notre perception visuelle, qui est toujours légèrement voilée par le flou dans toute une partie d'elle-même et qui est constamment en mouvement. Le trompe-l'œil constitue en quelque sorte une représentation idéale, et de ce fait aussi mortifère. Elle n'en est pas moins irremplaçable en raison de ce qu'elle nous apprend [17].

La relation thérapeutique a aussi ses trompe-l'œil, et je commencerai par citer quelques-uns des plus significatifs. Pour qu'une relation devienne thérapeutique, Freud a d'abord pensé qu'il suffisait de vaincre les refoulements et en particulier les refoulements sexuels imposés par la société, en facilitant une vie sexuelle saine et épanouissante [18] : la relation se transformerait aussitôt, sur un mode positif. L'idée était en germe à la fin du XIXe siècle et n'était pas dénuée d'intérêt : il est certain que l'amour et la sexualité sont des facteurs de réversibilité et transforment parfois les relations les plus troubles en sources de bien-être. Je pense même que l'allongement de l'espérance de vie dont s'enorgueillit à juste titre la médecine est dû en grande partie à la libération sexuelle et en particulier au fait que nos contemporains jouissent de la sexualité à un âge de plus en plus avancé, fût-ce par l'intermédiaire du cinéma ou de la télévision. Mais au fur et à mesure que le temps passe, on est conduit à relativiser les choses : on voit de plus en plus de sujets qui, portés par l'atmosphère ambiante, jouissent d'une vie sexuelle satisfaisante, ce qui ne les empêche pas de souffrir par ailleurs de symptômes invalidants. On constate aussi que la libération sexuelle porte en germe un certain nombre de conflits et qu'elle engendre des symptômes particulièrement résistants.

Les pervers en sont une vivante illustration, même s'ils ne veulent pas toujours le reconnaître. C'est vrai aussi de la relation d'amour. Quand on tombe follement amoureux, y compris dans le transfert, on est convaincu que tous les troubles dont la relation est porteuse vont être purifiés et métamorphosés par ce nouveau type de relation. C'est souvent vrai dans un premier temps, malheureusement il est très fréquent aussi que les choses empirent par la suite. En tout cas, aujourd'hui, la plupart de ceux qui font appel à la relation thérapeutique s'y sont déjà essayés sans succès, ou n'y sont même pas parvenus, ce qui revient au même. Traditionnellement, si la vie sexuelle et amoureuse peut constituer à un moment donné un moteur puissant et efficace pour la thérapie, elle fait surtout partie des buts qu'elle poursuit. Ce serait donc un leurre que de penser qu'elle constitue à elle seule un ressort suffisant pour qu'une relation devienne thérapeutique.

D'autres diront que pour qu'une relation devienne thérapeutique, il faut que la personne souffrante puisse parler librement, à cœur ouvert, de telle façon qu'elle se sente écoutée, le reste étant donné par surcroît. Cela remonte à la fameuse expression de *talking cure* utilisée dès les débuts de la psychanalyse, puis reprise et orchestrée sous l'influence du lacanisme. La bonne image de la psychanalyse dans le monde actuel repose sur elle : « C'est un lieu où on peut parler, où on peut tout dire, c'est si rare aujourd'hui. Les analystes ont simplement remplacé les prêtres et les médecins de quartier. » Quand un analysant va mieux, on dit : « Il a pu parler. » Malheureusement, ce n'est pas aussi simple. Comme le disait Assoun à propos du couple récemment, « bien souvent, quand on dit il faut qu'on se parle, c'est que l'on n'a déjà plus rien à se dire ». Et c'est vrai aussi pour celui qui vient en thérapie. Pourquoi ? Eh bien justement parce que *a priori*, la relation à l'autre est plutôt pathogène, et que même lorsqu'il a envie de parler, la vraie question est surtout de savoir comment et à quelles conditions il est possible d'inverser le processus. La rencontre avec un autre – le fait de s'exprimer à cœur ouvert, même et surtout si on est animé des meilleures intentions du monde – constitue bien sûr une contribution importante à la thérapie. Elle n'est pas suffisante et cela peut parfaitement tourner au tragique si l'on n'y prend pas garde. Témoin Madame M. dont j'ai parlé en commençant : elle est allée parler à son psychothérapeute dans la plus totale liberté, d'autant plus qu'elle s'est très vite attachée à lui. Quant à lui, je n'ai aucune raison de penser qu'il ne s'est pas montré très attentif, très ouvert. Elle a parlé, il a écouté, pendant dix ans. Résultat : elle est plus malade que jamais. Je ne dis pas que l'action philanthropique des personnes qui répondent à SOS Amitié ou à d'autres organismes du même type est dénuée de tout intérêt. C'est une action sociale à distance qui présente le gros avantage de limiter les dégâts dans un monde où le tissu social se dégrade. Je ne prétends pas non plus que la libre parole, et en particulier la libre association, ne sont pas des auxiliaires précieux pour l'analyse. Je pense que la relation thérapeutique c'est autre chose, et qu'en la réduisant à cela, on s'expose autant à favoriser les relations pathogènes qu'à la transformer. Ésope l'a dit il y a fort longtemps : « La langue est la meilleure et la pire des choses. »

Il en est enfin pour penser, surtout aujourd'hui, que la relation cesse d'être pathogène à partir du moment où elle s'insère dans un tissu social riche, structuré et diversifié. La réversibilité serait automatique à partir du moment où le sujet est vraiment partie prenante du monde social environnant. Je parle ici de la relation considérée dans toute son amplitude, autrement dit du réseau vaste et complexe qui nous unit au groupe et à l'environnement : on sait qu'elle conditionne en grande partie le bien-être des individus – nous verrons pourquoi – et nous en tiendrons compte par la suite. Cela fait aussi partie des buts traditionnels poursuivis par l'analyse, mais ce serait un leurre, comme pour les cas précédents, de penser qu'il s'agit d'une condition ou d'un moyen. D'ailleurs, on le sait bien – et les pervers sont des maîtres en la matière – il ne manque pas de gens parfaitement intégrés et d'une efficacité à toute épreuve dans les relations humaines, qui souffrent par ailleurs de problèmes graves et parfois destructeurs. Que l'on songe aux fameux suicides mélancoliques : ils sont presque toujours le fait de gens qui ont réussi à jouer le jeu du social sans difficultés.

Tous ces facteurs, et d'autres encore, ont eu leur heure de gloire et sont encore aujourd'hui mis plus ou moins en avant selon les écoles et les tendances. Ils ne sont donc pas à négliger. Ils ont pourtant ceci en commun qu'on y trouve confondus les buts et les moyens, et que, réduits à eux-mêmes, ils portent en germe une perversion du processus thérapeutique. De ce point de vue, ils font souvent partie de ce que Nietzsche appelle des « consolations ».

LES RESSORTS LES PLUS CACHÉS SONT LES PLUS DÉCISIFS

Les véritables ressorts de la relation thérapeutique pour la psychanalyse sont ailleurs, invisibles. Ils appartiennent à la sphère spécifique dans laquelle la relation s'est constituée comme pathogène, et donc à l'inconscient. Il s'agit en tout premier lieu de ce qu'on appelle traditionnellement, depuis Freud, les « processus primaires ». De quoi s'agit-il ? Des mécanismes qui président à l'échange entre les représentations inconscientes. Freud les a d'abord étudiés dans les formations de l'inconscient, actes manqués, oublis, mots d'esprit, etc. Mais c'est à propos du rêve qu'il a situé le plus nettement leur rôle dans la dynamique inconsciente. En effet, « le travail du rêve », qui transforme le texte latent en un contenu manifeste obscur et incompréhensible, résulte de l'action des processus primaires[19].

Or lorsqu'une personne fait appel à la relation thérapeutique sous quelque forme que ce soit, ces ressorts sont déjà à l'œuvre d'une manière très particulière : elle nous les apporte en quelque sorte sur un plateau par l'entremise de son symptôme. Il est bien rare en effet que celui qui vient consulter ne souffre pas d'un symptôme précis, qu'il soit évident ou plus ou moins masqué. En tout cas, pour l'analyse c'est essentiel. Je l'ai dit à propos du transfert dans la cure, et c'est plus vrai encore ici : il n'y a pas de relation thérapeutique possible sans symptôme. Voilà encore une de ces évidences sur lesquelles on fait trop souvent l'impasse : combien de relations transférentielles ou thérapeutiques tournent en rond ou traînent en longueur du simple fait qu'il n'y a pas de symptôme reconnu ou déclaré. La relation thérapeutique n'a rien à voir avec la direction de conscience ou avec la soumission à un gourou : elle n'existe que parce que quelqu'un souffre, et qu'il souffre effectivement, sur un mode précis. Schopenhauer et Nietzsche sont parmi ceux qui ont probablement su le mieux situer le rôle fondamental de la souffrance dans la dynamique humaine. C'est dans le même esprit que j'ai parlé de « la souffrance comme moteur de l'analyse[20] ». Sans une prise en compte réelle et structurée de la souffrance psychique à travers le symptôme, il n'y a ni analyse ni thérapie. Si le diagnostic en analyse a un sens, c'est pour faciliter son repérage.

Car le symptôme n'est pas seulement le point où s'ancre la souffrance, c'est aussi une réaction originale et construite du sujet, une façon de se situer par rapport aux relations pathogènes. Le problème majeur vient de ce qu'il ne réussit pas ou ne réussit qu'à demi dans la tâche qu'il s'est assignée. Or cela tient essentiellement aux processus qui s'y trouvent à l'œuvre et qui en constituent les véritables ressorts : autant dans le rêve, le mot d'esprit ou le lapsus, ils vont le plus souvent jusqu'au bout de leur logique, autant ils posent problème dans le symptôme. C'est pourquoi il est si important de repérer quels sont ces processus concernés et pourquoi et comment ils sont à demi bloqués. Ceux-ci varient bien évidemment selon les types de symptômes : dans l'hystérie, il s'agit du refoulement ; dans l'obsession, du déplacement, etc. Dans d'autres configurations, ce peut être aussi le renversement, le retournement, la projection, l'idéalisation, la sublimation, le clivage, le déni, la dénégation... Dans l'hystérie, par exemple, le symptôme témoigne d'un refoulement bloqué parce qu'il aurait été entier et sans retour sur certains points essentiels ; dans la paranoïa, c'est la projection, du fait que s'étant trouvée justifiée sur un point très précis elle envahit exagérément l'ensemble du fonctionnement psychique.

Le premier travail à effectuer au sein de la relation thérapeutique consiste donc à rejoindre et à repérer les processus en question. Cela suppose que le symptôme soit d'abord réinvesti dans la relation de telle façon que s'y manifestent les fantasmes dont il est porteur, en y incluant les partenaires actuels. Il s'agit ensuite de faire en sorte que ce fantasme soit vécu et remis en route de telle façon que s'y révèlent les processus en question et qu'ils puissent être actionnés et dévoilés. Dans *Métapsychologie,* Freud insiste en tout premier lieu sur l'importance du retournement et du renversement, et il montre que s'il y a obsessionnalité, c'est que le retournement est inachevé [21]. Des auteurs comme Reik et Reich ont démontré à leur tour, à partir de cas cliniques, qu'il en était de même dans certaines perversions : en favorisant le renversement dans le fantasme masochiste, il est possible de faciliter l'accès à un certain sadisme [22]. Le ressort de la relation thérapeutique se situe donc d'abord et avant tout dans les processus primaires, et toutes ses autres composantes doivent être envisagées par rapport à eux [23].

CES RESSORTS NE JOUENT VRAIMENT QU'À CERTAINES CONDITIONS

La réactivation des processus primaires essentiels et leur remise en route supposent que les partenaires de la relation thérapeutique remplissent un certain nombre de conditions qui permettent en quelque sorte de transcender le symptôme. Je les reprends rapidement selon leur ordre d'importance.

La première condition requise n'est pas que le sujet parle, elle est plutôt qu'il manifeste clairement son *désir* d'être délivré de la souffrance entraînée par le symptôme. Quelqu'un qui a fait l'effort de téléphoner, de prendre un rendez-vous et qui traverse tout Paris pour venir vous rencontrer mérite d'être écouté attentivement, même s'il arrive très en retard et n'ouvre que très peu la bouche. En revanche, cela ne suffit pas à prouver qu'il ait vraiment envie d'aller mieux, même s'il devient tout à coup particulièrement prolixe. Il faut que ce désir parvienne à s'exprimer dans une *demande*, autrement dit que le sujet puisse l'insérer dans la relation à celui qu'il rencontre. Ce rapport entre désir et demande a fait l'objet de nombreuses réflexions, et je n'y reviens pas : je souligne simplement que sans lui, il n'y a pas de relation thérapeutique possible. Rien n'est plus difficile à évaluer. Pour que le patient veuille le surmonter, il faut vraiment que le symptôme présente de gros inconvénients et que ces inconvénients pèsent plus lourd dans la balance que les avantages plus ou moins inconscients qu'il en tire. Dans le cas de Madame M., il est certain que les bénéfices de sa situation sont considérables, même si elle ne veut pas les reconnaître. Il faut aussi que l'autre ne vienne pas à son insu rendre l'expression du désir impossible ou accroître le poids des bénéfices du symptôme : les facilités accordées aujourd'hui avec les meilleures intentions du monde aux personnes bloquées viennent souvent en accroître les avantages inconscients. Cette question est donc capitale, mais ne peut que rarement être résolue d'avance une fois pour toutes. Il faut toujours la garder à l'esprit pour la réévaluer et la faire entrer dans l'analyse elle-même. *Pour beaucoup de patients, il s'agit de les guérir de vouloir être malades avant d'envisager de guérir de telle ou telle affection.* La stérilité féminine psychogène est l'un des symptômes les plus révélateurs en ce domaine : dès lors qu'il y a un véritable désir, et qu'il peut se transformer en demande dans la relation, il y a bien des chances pour que le symptôme disparaisse. En revanche, quand il n'y a pas de véritable désir d'enfant et que la demande s'articule autour de motivations utilitaires et conjoncturelles, il y a peu de chances pour qu'il se modifie.

La deuxième condition découle de la première : *il n'y a pas de relation thérapeutique s'il n'existe pas au départ un certain nombre de « correspondances »* plus ou moins conscientes entre les deux protagonistes de la relation, autrement dit si la relation n'éveille pas chez le thérapeute des échos profonds et mobilisateurs. Cela ne signifie pas qu'on ne pourra rien faire avec un partenaire qui paraît *a priori* antipathique, distant ou difficile ; les connivences cachées ont beaucoup plus d'importance que les impressions premières et superficielles. Il n'en reste pas moins qu'il faut accorder beaucoup d'importance au potentiel d'empathie qui se manifeste au cours des premières rencontres, tout en sachant fort bien à quels pièges cela peut conduire si l'on n'y prend pas garde. Cela ne favorise pas seulement l'écoute, l'échange et la compréhension ; il y va aussi du processus thérapeutique lui-même : celui-ci doit jouer dans les deux sens. Ferenczi a été jusqu'à parler d'« analyse mutuelle ». Sans aller jusqu'à ce point qui supposerait une symétrie dangereuse dans une relation de ce type, il est évident que le travail d'analyse a d'autant plus de chances d'être efficace que l'analyste y trouve aussi à progresser dans sa propre recherche. Nous le verrons, on ne soigne pas avec ce que l'on a mais avec ce qui nous manque.

Une troisième condition est essentielle même si elle a été souvent mal comprise : *une relation ne peut être thérapeutique si elle n'est pas* érotisée ou sexualisée *d'une manière ou d'une autre*. Déjà à l'époque de Mesmer les experts commis pour juger de la validité du magnétisme avaient bien repéré que la composante sexuelle n'était pas étrangère aux résultats obtenus. Il a fallu pourtant près d'un siècle pour que Freud le reconnaisse clairement. Encore nous faudra-t-il longuement expliciter en quoi consiste cette composante sexuelle qui dépasse largement le génital et l'exercice même de la sexualité. J'ai déjà eu l'occasion de le préciser à diverses reprises [24], la relation est sexuelle dans la mesure où elle inclut et entretient le plaisir attaché à la fonction en le répercutant partout où c'est possible : Freud a montré à propos de l'hypocondrie que n'importe quel organe pouvait se substituer imaginairement à l'organe sexuel. De la même façon tout objet peut devenir objet oral, anal ou scopique. Cette extension est plus lourde de conséquences encore lorsque ce sont les processus primaires qui sont pris sous sa gouverne. Le sexuel comporte des modalités multiples, plus vastes que la sexualité proprement dite – qui est essentiellement génitale ou perverse –, puisqu'il peut être aussi passionnel ou narcissique.

De ce fait, une autre condition s'avère essentielle, qui demande souvent un travail préalable : pour qu'elle puisse être thérapeutique, *une relation doit se développer et s'étoffer le plus possible au plan imaginaire tout en s'étayant sur un rapport humain réel.* Le thérapeute n'est pas une prostituée sacrée, il ne peut qu'en jouer le rôle. Ce dédoublement est à l'œuvre dans toute relation quelle qu'elle soit – quand je rencontre quelqu'un, je suis aussi extérieur à cette relation [25] –, mais il faut ici que la partie imaginaire se développe au maximum et que s'y déploie toute la fantasmatique inhérente au symptôme. Dans le cas de Madame M., il est certain que la relation thérapeutique est passée de l'imaginaire, où elle avait pris naissance, à la réalité où elle a fait surgir un comportement réel d'autant plus difficile à résorber. Les obligations de réserve ou de renoncement imposées au médecin comme à tous ceux qui entendent guérir les autres n'ont pas d'autre raison d'être. Pour l'analyse, Jean Laplanche parle de « refusements », et il estime qu'ils sont constitutifs de la situation analytique. Mais ils se heurtent bien évidemment à des résistances considérables aussi bien du côté du thérapeute que du côté du patient. La tendance à la mise en acte est particulièrement forte au sein de certaines problématiques. En ce cas, une thérapie préalable s'impose pour guérir le patient de sa tendance à mettre immédiatement en acte ses désirs ou à penser que l'agir est sa seule voie de Salut. Toutes les doctrines thérapeutiques du passé sont d'ailleurs fondées sur l'ascèse et le renoncement au plaisir immédiat. La relation thérapeutique n'échappe pas à la règle, encore qu'elle énonce cela de façon plus directe.

LES CONDITIONS FORMELLES JOUENT UN RÔLE DÉCISIF

Si les ressorts de la relation thérapeutique sont à chercher dans le symptôme, nous venons de constater qu'ils sont déjà de deux ordres selon qu'il s'agit du fonctionnement symptomatique en tant que tel – au sein duquel les processus primaires jouent un rôle déterminant –, ou de la relation qui s'instaure à partir de lui, et qui doit satisfaire à un certain nombre d'exigences qui concernent les deux protagonistes de la relation. Cela ne s'arrête pas là : la relation elle-même s'inscrit dans une situation réelle dont elle est étroitement dépendante. Or cette situation porte elle aussi la marque du symptôme, sans qu'on s'en aperçoive elle en est en quelque sorte l'émanation.

J'ai déjà eu l'occasion d'analyser le rôle de la situation à propos du transfert en rapportant la phrase de Macalpine, pour qui « le transfert est le produit de la situation analytique[26] ». On peut dire pareillement de la relation thérapeutique qu'elle est le produit de la situation thérapeutique, à condition de préciser que cette situation comprend trois composantes différentes dont l'importance varie selon le type de thérapie en jeu : le cadre, le contrat et le dispositif.

Le *cadre* représente la composante la plus évidente et la plus directement accessible de la situation : on se rencontre à tel endroit, en utilisant tel ou tel accessoire, tel titre, etc. Mesmer réunit ses patients dans une salle et utilise un baquet. Freud les reçoit dans son cabinet médical privé et utilise fauteuil et divan. L'intérêt du cadre pour Jean Laplanche tient surtout à ce qu'il aménage un espace clos, fermé, isolé du monde, tout en demeurant en tangence avec lui. Bergler et Anzieu ont souligné qu'il joue le rôle de contenant, et c'est par là qu'il sert en quelque sorte de relais au symptôme. C'est le thérapeute qui décide du cadre et le propose, c'est donc aussi à lui de réfléchir à sa signification. Le cadre est fait pour que les deux protagonistes de la relation y trouvent une place précise et bien délimitée, mais dans certains types de thérapies il n'exclut pas la présence d'autres personnes. Il est parfois à lui seul source de bien-être ou d'amélioration. Les praticiens des hôpitaux psychiatriques en savent quelque chose. Le problème est de faire en sorte qu'on ne s'en contente pas.

Il n'existe pas non plus de relation analytique sans ce qu'on appelle classiquement un *contrat*. Celui-ci existe dans toutes les thérapies où il vient en quelque sorte incarner la demande, il concerne les règles et les obligations auxquelles s'astreignent volontairement les protagonistes de la relation. À la différence du cadre, qui est conçu et proposé par le thérapeute, le contrat doit faire l'objet d'un accord. Le patient s'engage à venir un certain nombre de fois, un temps donné, pour dire tout ce qui lui passe par la tête, et éventuellement à payer. Le thérapeute s'engage à être disponible le temps qu'il faudra, à respecter un temps de séance, à écouter, à interpréter et à ne pas utiliser la relation à d'autres fins. Dans le cadre religieux, le contrat thérapeutique suppose la foi, mais aussi parfois plus simplement le respect d'un rite : les aumôniers d'hôpitaux en font l'expérience encore aujourd'hui[27]. Dans le cadre laïc, le contrat doit garder à mon sens une certaine souplesse si l'on veut qu'il soit vraiment l'expression du désir de chacun des deux protagonistes, tout en restant dans certaines limites que les sociétés de thérapeutes ou d'analystes ont mission de codifier. On sait combien cette question fut cruciale dans l'histoire du lacanisme. On oublie parfois que le contrat analytique est né à l'époque où le contrat masochiste a reçu ses lettres de noblesse, avec *La Vénus à la fourrure*, en particulier, et qu'il faut tout mettre en œuvre pour qu'il en soit en quelque sorte l'antidote, et non pas le prolongement [28]. C'est pour cette raison qu'il ne faut ni l'imposer *a priori*, ni le figer de façon excessive, ni le réduire ou le manier au gré du désir de l'un des deux protagonistes de la relation. Le contrat concerne deux personnes, plus une référence tierce, qui se situe dans la tradition thérapeutique à laquelle on se rattache.

Reste le *dispositif* : le terme est encore assez peu employé, et je l'ai introduit dans un article de 1980 pour désigner le système pulsionnel qui organise et structure de l'intérieur la relation thérapeutique à l'insu des deux protagonistes [29]. Ce dispositif est déjà à l'œuvre dans le symptôme, on y retrouve donc les processus qui font problème et le système dans lequel ils s'inscrivent. Ce système est sous la gouverne d'une pulsion déterminée qui organise l'ensemble des relations : pulsion sadique ou masochiste, pulsion de voir, pulsion orale, etc. Cela signifie que le dispositif varie selon le symptôme et le système pulsionnel dominant. Pour ma part, j'ai surtout analysé ce que j'appelle le dispositif visuel qui est sous-jacent dans les problématiques hystériques. Dans le « rêve au rétroviseur », analysé dans *La Violence du voir*, se dessine en début d'analyse le dispositif qui va en régler tout le déroulement : l'analyste est supposé avoir l'œil et l'analysant le regard, son but étant de l'identifier pour mettre fin à une tension insupportable. Au fur et à mesure que l'analyse progresse, l'identification de l'objet de la pulsion le conduit à s'en détacher, ce qui entraîne la guérison du symptôme initial, sans que tout soit résolu pour autant. Il reste pour l'analysant à s'approprier l'œil de l'autre de façon à découvrir les objets de son propre désir. Le dispositif comprend toujours quatre éléments, que j'ai appelés les « déterminants pulsionnels », entre lesquels les deux protagonistes de la relation thérapeutique sont baladés comme des pions.

4. La relation thérapeutique indissociable de la condition humaine. De la préhistoire à nos jours

L'ÉTYMOLOGIE

Si l'être humain est par définition un être malade des autres, s'il ne devient humain qu'à ce prix, on comprend que la quête de relations qui guérissent remonte à la nuit des temps. Il n'y a pas de sociétés humaines sans sorciers ou guérisseurs, et ils y tiennent souvent une place dominante. Encore aujourd'hui les dirigeants en charge des plus hautes responsabilités ne dédaignent pas d'aller consulter les mages ou les voyants. C'est dire que la relation thérapeutique peut prendre les visages les plus divers et les plus étranges, et qu'avant de nous fixer sur celle qui nous concerne plus directement, il vaut la peine de promener le projecteur autour de nous aussi loin que possible dans l'histoire pour en recueillir quelques enseignements et situer notre recherche.

Les premiers enseignements nous viennent de l'étymologie.

Relation. La racine est latine et renvoie au verbe *referre*, qui signifie « porter en arrière », « reporter », et au sens figuré : « porter une chose au point d'où elle est partie » (Gaffiot). Le terme est issu du participe passé de ce verbe, *relatum*. *Relatio* signifie d'abord en latin « action de porter à nouveau », puis « rapport », « narration », et enfin « relation à quelqu'un », « rapport à une personne ». En français, « le mot relation date du XVIIe siècle et s'applique à des liens de dépendance, d'interdépendance et d'influence réciproque, au fait de communiquer avec quelqu'un (1677) » (Le Robert, *Dictionnaire historique*).

Thérapeutique. La racine est grecque, du mot *therapeutikos*, lui-même issu du verbe *therapeuo*, qui signifie successivement : « servir, honorer les dieux, prendre soin de », et enfin « soigner ». Au XVIIe siècle, le terme thérapeutique est « introduit pour désigner la partie de la médecine qui étudie puis qui applique les moyens de soigner les maladies » (Le Robert, *Dictionnaire historique*). L'adjectif n'apparaît qu'au XIXe siècle (1865 : Claude Bernard), et il est surtout utilisé dans le domaine psychologique, par emprunt à l'anglais *therapy* et à l'allemand *Therapie*, ce qui fait de lui un terme commun aux langues occidentales.

En revanche, les termes apparentés en français, comme « soigner » ou « guérir », ont une origine francique. Soigner signifie au Moyen Âge « s'occuper de quelqu'un », et au XVIIe siècle « s'occuper à rétablir la santé de quelqu'un », alors que guérir signifie initialement : « défense », « protection », puis au XIe siècle « garir » c'est « recouvrer la santé ». C'est au XVIIe siècle qu'on voit apparaître nettement la différence entre la « thérapie », scientifique, réservée aux médecins, et les « guérisseurs », en marge, plus axés sur la remise en état immédiate du malade. « Malade » vient du latin *male habitus*, « en mauvais état », et désigne surtout une manière d'être.

Freud utilise le terme « thérapie » de façon spontanée à propos de la psychanalyse dans divers contextes, mais il l'officialise en quelque sorte dans sa communication au deuxième Congrès international de psychanalyse, à Nuremberg, le 30 mars 1910, intitulée : « *Les chances* d'avenir *de la thérapie analytique* », dont j'ai déjà parlé [30]. Quant au terme « relation », il n'a pas de sens spécifique chez lui. Il lui préfère celui de transfert, *Ubertragung*, qui va prendre un sens technique par la suite pour désigner toutes les relations jouant en cours d'analyse dans leur dimension inconsciente. À cet égard, le mot « transfert » est beaucoup plus large que celui de « relation thérapeutique » et cette dernière peut être considérée comme une modalité particulière de transfert, l'une de ses manifestations. À condition d'intensifier dans le terme transfert la connotation relationnelle car elle n'est pas première chez Freud.

De ce rapide parcours, on peut déduire ceci : le terme « relation » implique l'idée de revenir au point de départ, ce qui peut signifier revenir à soi ou bien aux rencontres initiales, et « thérapie » implique plus ou moins l'idée d'honorer ceux qui ont provoqué ces rencontres ou de leur rendre hommage. La relation thérapeutique suppose donc un retour plus qu'une répétition, elle vise à retrouver un état premier pour inverser le cours des choses. Il s'agit de faire du bien à ceux qui nous ont fait du mal à leur insu, dans l'espoir qu'ils nous fassent du bien à leur tour.

UNE RELATION CONSTITUTIVE DES SOCIÉTÉS TRADITIONNELLES

La relation thérapeutique joue dans les sociétés primitives un rôle très précis [31] : elle vise à réinsérer un sujet donné dans la société à laquelle il appartient. La maladie, quelle qu'elle soit, est d'abord considérée comme un processus de mise à part, d'exclusion, de mise en marge. Dans ce contexte, on n'est pas malade des autres, on est malade quand on ne peut plus vivre avec eux, comme eux, quand on est exclu du réseau de relations qu'ils représentent. Cela viendrait-il contredire notre affirmation initiale selon laquelle nous sommes malades des autres ? Bien au contraire. Car tout dépend de quels autres il s'agit. Si l'on entend par ce terme les personnages sociaux en tant que tels, dans leurs rôles précis et bien délimités, il est évident que les retrouvailles avec eux sont généralement bénéfiques, y compris aujourd'hui – je l'ai signalé précédemment. Mais les sociétés traditionnelles n'ignorent pas la présence et l'action des autres au sens où j'en parlais, en tant que partenaires premiers, inconscients, originels et fondateurs de toutes les relations. Nous en avons eu déjà un bon exemple à propos de la croyance au mauvais œil. Et non seulement ils désignent par ces autres la part inconnue de chacun, y compris des plus proches, mais ils englobent dans cette catégorie les innombrables esprits des ancêtres et de tous ceux qui nous ont précédés[32].

Dans ce contexte, la relation thérapeutique est bien une relation exceptionnelle, passagère, et plus précisément intermédiaire : les troubles provoqués par les relations anciennes ont pris un tel poids qu'ils empêchent le sujet de s'insérer dans le réseau relationnel qui permet normalement d'en tirer parti. *Tout se passe comme si le sujet était tiraillé entre deux mondes, entre deux modes relationnels, l'ancien et l'actuel, et le thérapeute est là pour délivrer le sujet de l'emprise du premier de telle façon qu'il puisse s'insérer dans le second*[33].

Je ne m'étendrai pas sur les pratiques et les objets utilisés pour réussir ce passage, ils varient énormément selon les époques, les lieux et les ethnies. Je retiendrai surtout quelques constantes que nous retrouverons aux époques ultérieures, et jusqu'au sein de nos relations actuelles.

La plus importante est l'*ambivalence* qui se trouve inscrite au fondement même de toute relation de ce genre : le guérisseur est souvent un sorcier, il peut se situer aussi bien du côté de ceux qui causent le mal que du côté de ceux qui provoquent la guérison. En faisant appel à lui on prend toujours le risque d'aller plus mal, de mourir. Et lorsque la relation thérapeutique aboutit à la mort du sujet, on n'est pas vraiment étonné. On constate simplement que le sorcier avait partie liée avec les esprits cachés et qu'il ne pouvait rien contre eux[34]. Comme le dit l'expression bien connue, « *Mektoub* », *C'était écrit*. Cette conviction demeure présente dans l'esprit de tous aujourd'hui : « Je préfère rester comme je suis, diront certains, plutôt que de prendre le risque d'aller beaucoup plus mal. » L'angoisse qui se manifeste au cours de premiers entretiens est en grande partie inspirée par elle, et il est très important qu'elle puisse être régulièrement éclaircie, surtout avec les patients qui ont perdu des proches encore jeunes, à la suite de maladies et de soins prolongés.

Il faut signaler aussi que l'action et les rites du thérapeute *s'inscrivent dans un système symbolique et culturel dont il est en quelque sorte le témoin et le garant*[35]. Lorsqu'un sujet va mal, c'est parce qu'il n'a pas respecté ce système et cet ordre, souvent à son insu, autrement dit parce qu'il a enfreint les règles non écrites qui régissent en profondeur les relations du groupe humain[36]. C'est la conviction qui préside à la tragédie œdipienne et qui se retrouve dans la théorie élaborée par Freud autour du complexe en question. En ce cas, la relation thérapeutique est là pour réparer autrement que par un symptôme une infraction majeure aux règles présidant au fonctionnement de toutes les relations. Paradoxalement, elle procède souvent en faisant rejouer l'infraction, et en remplaçant la règle qui a été enfreinte par une autre, plus limitative : Œdipe va jouer devant tous le drame de l'inceste, et il va se priver de la possibilité de voir pour le reste de ses jours. Beaucoup de névrosés sont aussi des gens qui s'imposent des interdits de substitution parce qu'ils ont l'impression d'avoir enfreint un interdit majeur. La relation thérapeutique actuelle se trouve donc, par rapport aux thérapies primitives, dans une position délicate : il s'agit de retrouver de façon précise un mode d'autoguérison intériorisé et méconnu, puis d'ouvrir la voie à un mode de réparation moins onéreux.

Parmi les rites et les moyens utilisés, surtout à titre de sauvegarde, il faut signaler l'importance de tout ce qui touche au *culte des morts*. En enfreignant la loi du groupe, c'est aussi à eux qu'on s'en prend, et en ne leur rendant pas l'hommage qui leur est dû on enfreint la loi du groupe. C'est pourquoi tout est mis en œuvre, au moment de la mort d'un membre de la communauté et plus tard, pour se concilier ses bonnes grâces. Il y aurait beaucoup à rechercher dans ce domaine, surtout aujourd'hui où le culte des morts tend à disparaître et où les problèmes de deuils mal résolus sont de plus en plus fréquents.

Les médecines traditionnelles ont beaucoup à nous apprendre enfin concernant *la vocation, le statut ou le choix du thérapeute*. Compte tenu de l'insertion profonde de la relation thérapeutique dans la cité, cette question est résolue bien évidemment de façon très variable selon le type de société, mais il y a là aussi un certain nombre de constantes qui méritent réflexion[37]. Dans la plupart des cas il ne s'agit pas de personnages particulièrement doués ou sans problèmes : au contraire, on retrouve parmi eux nombre de personnes atteintes de troubles caractérisés, épilepsie, handicap physique, hermaphrodisme ou homosexualité. Comme s'il fallait avoir été soi-même la victime des relations cachées pour pouvoir traiter en connaissance de cause avec les esprits. Il s'agit aussi dans tous les cas de personnes qui ont été initiées, parfois très longuement, qui sont par conséquent détentrices de secrets, de savoirs souvent considérables, et qui s'inscrivent dans une tradition de soins dont ils ne sont que les instruments passagers.

LES MODIFICATIONS DANS LA CIVILISATION GRÉCO-LATINE

L'Antiquité grecque s'inscrit dans la suite directe des pratiques que je viens d'évoquer, la « célébration » du mythe œdipien dans la tragédie en est la trace la plus probante. En même temps on voit s'y opérer un certain nombre de mutations, de divergences, de spécialisations qui sont à l'origine de la diversification progressive des modalités de la relation thérapeutique que nous connaissons encore aujourd'hui. Il suffit de parcourir les fragments issus des écrits présocratiques pour constater que les tout premiers philosophes étaient à la fois savants, mages, scientifiques et thérapeutes, et qu'ils se comportaient comme les héritiers directs des sorciers d'autrefois. Avec une différence majeure toutefois qui va faire basculer les choses : ils ambitionnent un savoir objectivable, partageable, sujet à discussion et à vérification, ce qui change complètement leur façon de se situer. D'une thérapeutique de groupe, d'ethnie, fondée sur des secrets, destinée à assurer la survie de la communauté, on passe ainsi à une thérapeutique ouverte, fondée sur le partage entre les multiples traditions, confrontant les points de vue et s'efforçant de répondre à toutes les questions quelles qu'elles soient.

De ce fait, au bout de très peu de temps ce mode de connaissance se trouve travaillé par des forces d'éclatement qui vont jouer dans un sens différent : à l'émiettement entre ethnies ou villages succède un cloisonnement entre modalités du savoir. Cette fragmentation se traduit dans la philosophie platonicienne avec la distinction première entre le corps et l'âme, puis entre les diverses modalités de l'âme proprement dite. La relation thérapeutique prend en effet des formes différentes selon que l'homme est atteint dans son corps au sens concret du terme, ou dans tel ou tel aspect de son âme. Dans le premier cas, elle est représentée et exercée par les médecins qui se réclament de la tradition hippocratique, et dont la mission expresse est de réparer un dysfonctionnement : le médecin est un homme de l'art qui doit donner la priorité à la connaissance du fonctionnement du corps humain et des remèdes appropriés, son savoir est avant tout technique et pratique. Dans le second cas, elle est représentée selon les cas par les prêtres ou par les philosophes. Les premiers perpétuent la tradition des médecines anciennes, à ceci près que les esprits ont été remplacés par des dieux et que certains de ces dieux sont de plus en plus spécialisés dans les troubles dont l'origine animique est patente. Ils soignent les esprits malades en se posant en intermédiaires entre les dieux et les hommes et en utilisant la science des rêves, la divination, les oracles, les offrandes ou les sacrifices. Les sanctuaires dédiés à Esculape témoignent aujourd'hui encore de la richesse de cette tradition[38]. Quant aux philosophes, ils se considèrent comme les médecins de l'âme, qui lui permettent de s'élever et de vaincre les maux l'empêchant de réaliser sa véritable nature[39]. Telle est la raison d'être de la célèbre maïeutique de Socrate, selon laquelle chaque être humain possède en lui, enfouie, la vérité qui doit le libérer. Telle est aussi la raison des transes qui saisissent à certains moments le philosophe et qui lui donnent accès à un mode d'être transcendant la réalité immédiate.

Les Grecs n'ont probablement jamais vraiment clivé ces divers aspects de la relation thérapeutique : on faisait appel aux médecins ou aux prêtres selon les cas, ou aux deux à la fois, et la philosophie intervenait un peu par surcroît, pour ouvrir à une existence plus totale. Il n'en reste pas moins que l'effet à long terme le plus marquant de leur apport a été la coupure, qui va s'accentuer avec le temps, entre les médecines traditionnelles ou d'inspiration religieuse et la médecine du corps, d'origine hippocratique, coupure qui s'est considérablement durcie avec la codification de la profession médicale. Il y a désormais deux types de relation thérapeutique, celle qui est représentée par le corps médical, et toutes les autres. Refusant cette dichotomie, la psychanalyse se trouve dans une situation extrêmement fragile et inconfortable. En se battant pour qu'elle ne soit pas récupérée par la médecine, Freud risque, il le sait, qu'elle le soit par la religion ou par les guérisseurs. Il n'avait pas pensé qu'elle pourrait l'être tout autant par les philosophes, et pourtant c'est aujourd'hui l'un des risques qui la menacent le plus, en France en particulier. Il a pourtant bien pris la peine de préciser que le champ relationnel pris en compte par la psychanalyse ne se surajoute pas aux autres ou n'équivaut pas plus à l'un qu'à l'autre de ceux qui se sont dégagés au cours de l'histoire : l'inconscient en tant que domaine propre à l'analyse est présent dans tous les modes de relations quels qu'ils soient, même et surtout quand ils se veulent rationnels.

Les Grecs ont au moins apporté deux acquis fondamentaux, sur lesquels il n'est pas question de revenir : la relation thérapeutique est une relation humaine ; comme tout ce qui est humain, elle doit pouvoir faire l'objet d'un savoir rigoureux et précis.

D'autre part, la relation thérapeutique ne peut trouver sens et raison d'être que si on parvient à dépasser l'esprit de clocher ou de secte dans lequel elle est née.

L'APPORT DES RELIGIONS MONOTHÉISTES EST PARTICULIER ET DEMEURE IRREMPLAÇABLE

Les religions monothéistes ont joué un rôle très particulier dans l'évolution et la clarification de la relation thérapeutique. Je n'en ferai pas l'historique, cela demanderait de très longs développements. Je rappelle simplement que le monothéisme actuellement représenté par les trois grands courants que sont le judaïsme, le christianisme et l'islam, a probablement connu d'autres expressions collectives, comme le culte du soleil et celui d'Akhenaton.

À l'origine de ces religions se trouve une conviction de base : si nous sommes malades des autres, il existe un Autre, un seul, qui peut s'il le veut nous apporter le salut et la guérison. L'un est opposé au multiple, et l'un parfait et bénéfique au multiple dangereux et menaçant. La seule relation thérapeutique est celle qui unit chacun des individus à un Dieu, un seul, considéré comme seul et unique sauveur[40]. Dans ce contexte, les choses se simplifient à l'extrême : si je suis malade, c'est que quelque chose est brouillé dans ma relation à Dieu. Et la seule façon de guérir, c'est de rentrer en relation avec lui et d'obtenir sa grâce. La relation thérapeutique est une relation qui unit l'homme à Dieu, toutes les autres ne sont que des moyens ou des intermédiaires voulus ou acceptés par lui. Même s'il existe bien évidemment une relation d'équivalence entre la relation aux autres et la relation à Dieu, la première n'a de valeur ou de sens que par rapport à la seconde. La seule façon de comprendre ou de préciser la relation thérapeutique, c'est donc de travailler et d'expliciter la relation à Dieu, ce qui est la tâche des prêtres et des théologiens.

Certes, au fil du temps des relations multiples vont se réintroduire au sein de cette relation duelle privilégiée, avec l'introduction des prêtres, du culte des anges, des saints, des marabouts et des intermédiaires de toutes sortes. Comme s'il fallait rendre justice aux anciennes formes de la relation salvifique toujours présente en sourdine. Mais régulièrement des réformateurs viennent balayer ces intrus et appeler à un culte plus exigeant, plus épuré, où seul le Dieu unique et sauveur a sa place.

La seule modification véritablement significative a été introduite avec la foi trinitaire : celle-ci consiste en effet à inclure la relation au cœur même de la divinité unique. C'est un tour de force qui ne s'est pas accompli aisément, qui reste finalement assez mal compris encore aujourd'hui, mais qui est d'une importance décisive. Chacune des personnes divines représente un aspect ou une forme de la relation, elle est relation et n'existe que comme telle. Et le salut du croyant consiste à entrer dans ce jeu de relations où l'amour transforme tout, y compris la souffrance extrême, en don de soi. Pour les saints les plus exigeants, saint François d'Assise ou sainte Thérèse pour ne citer que les plus connus, il n'y a plus ni maux, ni souffrances, ni mort à proprement parler. Vécues en communion avec la seconde personne de la Trinité, la souffrance, la maladie ou la mort sont sources de joie et de rédemption. Dans ce contexte, la relation thérapeutique aboutit à faire en sorte que le sujet lui-même se perde et *ne soit plus que relation*. Dès lors, qu'il soit en pleine santé ou torturé au dernier degré, peu importe, il n'existe que pour Celui auquel il est destiné.

5. *Les inventeurs modernes de la relation thérapeutique : les hypnotiseurs du XIXe siècle*

LE MAGNÉTISME ANIMAL

La création par Freud de la psychanalyse a entraîné un tel bouleversement que l'énorme travail de maturation qui s'est effectué auparavant, en particulier tout au long du XIXe siècle, surtout en France, s'en est trouvé masqué. La relation thérapeutique y a revêtu peu à peu un sens nouveau, qui la situe au confluent des différents courants que je viens d'évoquer. Il s'agit cette fois d'une relation duelle, telle que le monothéisme l'a progressivement imposée, et qui se joue pourtant entre deux hommes, en dehors du cadre religieux, médical ou philosophique. Pour la première fois elle met en jeu un homme s'adressant à un autre homme, qui s'efforce de lui répondre de façon adaptée. *On entre dans le domaine de la thérapie « profane », terme que Freud a voulu valoriser au maximum – on comprend pourquoi.* Ce courant s'inscrit naturellement dans la mouvance de la philosophie des Lumières, où l'on s'efforce de dépasser la tradition religieuse ou antique tout en récupérant leurs apports essentiels pour les soumettre à l'empire de la raison. L'histoire complète de cette période riche en inventions de toutes sortes reste à faire : elle serait très précieuse pour comprendre comment s'est opérée la découverte de la relation thérapeutique au sens où nous l'entendons aujourd'hui, même si c'est la psychanalyse qui a fourni ensuite les instruments les plus performants pour la comprendre et la théoriser. Les études dont nous disposons actuellement nous permettent au moins d'en marquer les jalons les plus significatifs.

Le premier représentant et l'initiateur de cette approche nouvelle, le plus énigmatique aussi, est le médecin autrichien Franz Anton Mesmer. « Nous pouvons faire remonter la naissance de la psychiatrie dynamique moderne à 1775, écrit Ellenberger, l'année du conflit qui mit aux prises le médecin Mesmer et l'exorciste Gassner[41]. » Gassner (1727-1779) est le dernier représentant des psychothérapeutes religieux, le plus prestigieux de son époque et le plus combattu aussi, compte tenu de l'évolution des mentalités. Mesmer en revanche est le premier thérapeute de l'âme qui ait prétendu incarner un idéal scientifique dans un domaine où l'irrationnel le plus complet dominait jusque-là. Cet idéal est hérité à la fois des philosophes et des découvertes importantes accomplies par Newton concernant la gravité universelle et la nature de la matière. Arrivé à Paris en 1778 où il opère de nombreuses guérisons grâce à son fameux baquet, Mesmer attribue les effets obtenus à la relation proprement dite, plus précisément à un fluide magnétique que celle-ci fait circuler et qui unit chaque sujet à ses semblables et à l'univers tout entier. Cette notion de fluide, la plus intéressante pour nous, fera l'objet de vives critiques de la part des scientifiques. « Les commissaires conclurent qu'on n'avait trouvé aucune preuve d'un "fluide magnétique". Ils ne niaient pas la possibilité d'effets thérapeutiques, mais les attribuaient à l'imagination[42]. » Malgré ces mises en garde, le magnétisme animal a eu un retentissement considérable aussi bien chez les philosophes, les médecins que chez les grands de l'époque, Roustang l'a fort bien souligné[43].

Je rappellerai surtout quelques-uns des apports du magnétisme dont les échos se font encore entendre aujourd'hui. Beaucoup de thérapeutes se réclament toujours de la notion de fluide, en particulier les radiesthésistes ou les guérisseurs qui tablent sur leurs dons personnels. Plus largement, l'idée demeure présente chez ceux qui donnent une importance première à l'empathie ou aux correspondances unissant le thérapeute au malade. Mesmer estime également qu'il faut en passer par une crise, souvent violente et spectaculaire, ce qui ne va pas sans éveiller les réticences du public : la méthode dite « cathartique » éveillera les mêmes méfiances et pose toujours des problèmes analogues aujourd'hui. Il souligne également que tout cela ne peut se produire sans l'intervention d'un homme privilégié possédant un certain pouvoir, ce qui met d'emblée la relation thérapeutique sous la coupe du sexuel passionnel au sens où j'en ai parlé précédemment. L'usage de l'aimant comme objet tiers ne fait que renforcer cette hypothèse[44].

L'ISOLATION ACCÉLÉRÉE DE LA RELATION

Le séjour de Mesmer à Paris fut de brève durée, puisqu'il disparaît de la ville en 1785 et qu'il n'y remit probablement plus les pieds. Mais il eut aussitôt un certain nombre d'émules qui vont donner à sa découverte des prolongements solides et durables. Je n'en présenterai que trois parmi les plus connus. Le premier d'entre eux et le plus justement célébré est le marquis de Puységur. Il applique les principes essentiels du mesmérisme, avec l'expérience mémorable et demeurée exemplaire dans l'histoire de l'hypnose qu'il fait le 4 mai 1784 : « L'un de ses premiers malades fut Victor Race, jeune paysan de vingt-trois ans dont la famille était au service des Puységur depuis plusieurs générations. Victor, qui souffrait de troubles respiratoires bénins, se laissa aisément magnétiser et, dans cet état, présenta une crise très particulière, sans les convulsions ni les mouvements désordonnés qui apparaissaient d'habitude chez les autres malades : il tomba au contraire dans une sorte de sommeil étrange où il semblait paradoxalement plus éveillé et plus conscient que dans son état habituel. Il parlait à haute voix, répondait aux questions et témoignait d'une plus grande vivacité d'esprit que dans son état normal [...] la crise passée, Victor n'en garda aucun souvenir. Intrigué, Puységur reproduisit cette forme de crise chez Victor, puis entreprit avec succès de la provoquer chez d'autres. Une fois dans cet état, ils étaient capables de faire le diagnostic de leur propre maladie, d'en prévoir l'évolution (ce que Puységur appela la *pressensation*) et d'en indiquer le traitement approprié[45]. »

C'est la première fois dans l'histoire de la thérapie que l'on voit apparaître ce que l'on pourrait appeler le patient inventeur de la méthode thérapeutique qui lui est appropriée : il y en aura beaucoup d'autres au long de ce siècle, dont Carroy a rapporté l'histoire[46] (la plus représentative pour la psychanalyse reste Anna O., la patiente de Breuer à qui revient le mérite d'avoir inventé en quelque sorte la méthode psychanalytique). Ce qui frappe surtout Puységur, et qui reste l'une des caractéristiques les plus déroutantes des personnes sous hypnose, c'est que leur état ressemble en tout au sommeil et qu'ils font pourtant preuve d'une hyperlucidité qui défie l'entendement.

À dater de ce jour, Puységur change complètement de méthode et devient l'initiateur de ce qu'il est convenu d'appeler le « somnambulisme provoqué » ou le « somnambulisme artificiel » (Roussillon) : même si c'est lui qui provoque le sommeil, il fait en sorte que le patient se prenne en charge ou prenne en charge un autre patient, à partir de la capacité de voyance dont il dispose. Il ne cherche plus à provoquer de crise cathartique à la façon de Mesmer ou des exorcistes qui l'ont précédé, estimant qu'elle est devenue superflue. La dimension sexuelle du rapport passe désormais au second plan et ne fera plus surface que de loin en loin à travers l'histoire de certaines patientes (Carroy). Enfin Puységur donne de moins en moins d'importance aux instruments utilisés, provoquant une intériorisation du cadre initial qui se confond de plus en plus avec la relation.

Disciple de Mesmer, puis de Puységur, un autre magnétiseur nommé J.-P.-F. Deleuze, rédige en 1813 une *Histoire critique du magnétisme animal*, et en 1825 des *Instructions pratiques sur le magnétisme animal*. Avec lui le magnétisme s'organise et se structure en un véritable traitement avec ses règles et sa théorie propre. Roussillon fait de lui l'inventeur du cadre thérapeutique, et même du contrat[47]. Il est entendu en effet que les séances de magnétisme auront lieu à des heures fixes et régulières, durant une heure ou trois quarts d'heure selon les cas, et qu'on ne prolongera pas la thérapie au-delà du temps nécessaire à la guérison. Le cadre est « doublé d'un contrat muet, implicite, qui fixe les règles intersubjectives du rapport » (p. 67). Le somnambule et le magnétiseur sont placés face à face, les pouces se touchant, les yeux dans les yeux, « jusqu'à ce que les chaleurs réciproques des pouces s'égalisent » (p. 63). Il s'agit cette fois de mettre en place un véritable processus identificatoire, grâce au « magnétiseur miroir », facilitant la libre circulation du fluide magnétique, et prenant en lui les blocages pour les résorber. Une fois la situation mise en place, « il faut s'attendre à tout et ne s'étonner de rien » (p. 68).

À peu près à la même époque, un nouveau personnage fait son entrée sur la scène du magnétisme, venu d'ailleurs puisqu'il a vécu jusqu'à sa quinzième année à Goa et qu'il est profondément imprégné de la culture orientale. Il s'agit de l'abbé Faria, dont Alexandre Dumas a fait l'un des héros du *Comte de Monte-Cristo*. « Ses successeurs [...] n'hésitent pas à considérer Faria comme le véritable découvreur de l'hypnose et de la suggestion, comme le précurseur de ce que l'histoire de l'hypnose appelle l'école de Nancy » (p. 75). On trouve même déjà présents dans sa pratique et dans sa réflexion la plupart des points forts des psychothérapies actives actuelles : analgésie par l'hypnose, relaxation, massages thérapeutiques, psychothérapie par la parole, etc. Son ouvrage principal s'intitule : *De la cause du sommeil lucide* (1819). Le sommeil constitue en effet son « cadre de référence » : l'action du thérapeute consiste uniquement à le provoquer par des procédés classiques qui évoquent directement le « détournement d'attention » (p. 79). L'action thérapeutique s'effectue ensuite dans l'intériorité du sujet lui-même et dépend de sa capacité à mobiliser ses potentialités propres de récupération. C'est lorsqu'il ne parvient plus à les mettre en œuvre dans le simple sommeil que le magnétiseur provoque le sommeil magnétique où il apporte « son appoint personnel » en annonçant d'avance ses effets. « Les transferts ont besoin d'être annoncés à l'avance », écrit l'abbé Faria (p. 80). « Le concentrateur n'est pas celui qui connaît la vérité, il est celui qui, grâce à un savoir et à une technique adéquate, est capable de déceler, à travers la méconnaissance et les illusions des songes, la vérité dite par l'épopte à son insu » (p. 83). Dans cette entreprise, « le mot [...] va devenir chose, induire les effets de la chose » (p. 87), présageant ce que sera à la fois la représentation et l'interprétation dans la psychanalyse. Il n'est donc plus question ni de crise, ni de fluide, ni de pouvoir du thérapeute, mais d'une capacité à réveiller en l'autre ses potentialités de guérison, grâce en particulier au pouvoir des mots.

Il faudrait aller au-delà de ces personnages phares pour envisager plus largement le courant de pensée dont ils sont les expressions les plus marquantes. Ce mouvement connaît alors un très grand essor, suscitant des associations, des revues, des groupes de recherche un peu partout en France et en Europe. D'un point de vue philosophique, c'est Maine de Biran qui fera l'effort le plus approfondi et le plus intéressant pour tenter de rendre compte en termes rationnels de toutes ces découvertes[48]. Vers le milieu du XIXe siècle, la vague magnétique connaît un certain reflux : elle est de nouveau critiquée par les scientifiques. Braid, en Angleterre, est de ceux-là : il estime que tout se joue dans le cerveau du sujet ; il s'efforce malgré tout d'insérer l'acquit des siècles antérieurs dans la science du moment. C'est lui qui propose de parler de suggestion en 1841, et surtout d'hypnose, terme qui va permettre de reprendre la question d'un point de vue plus objectif. Une fois encore, et ce ne sera pas la dernière, en poussant à bout une exigence scientifique de rationalité, un chercheur est conduit à remettre la question de la relation psychique sur les rails et à l'orienter vers de nouvelles perspectives.

QUAND LES MÉDECINS PRENNENT LA RELATION PSYCHIQUE AU SÉRIEUX

« C'est en médecin et en thérapeute qu'A. Liebault aborde les phénomènes que Braid, puis Azam en France ont réintroduits dans les préoccupations de certains milieux médicaux » (p. 93). Son principal ouvrage, *Du sommeil et des états analogues*[49] reste méconnu jusqu'à ce que Bernheim, un célèbre professeur de Nancy, frappé par le succès de sa méthode, lui apporte son soutien et la reprenne à son tour. Il est fort probable que Freud a rencontré Liebault et qu'il l'a lu ; en tout cas il a traduit le livre de Bernheim sur la suggestion et a été profondément marqué par cette école.

Dans l'action hypnotique telle que l'entend Liebault, le fluide est remplacé par l'attention, laquelle se présente sous deux formes : une forme libre, circulant sans entraves, et une forme fixée de façon prévalante et parfois exclusive sur certaines images et sur certaines parties du corps. C'est l'accumulation d'attention ou sa fixation qui entraîne la formation du symptôme (p. 101). Le travail de l'hypnotiseur consiste donc avant tout à détourner l'attention sur un objet, sur lui-même, pour que le sujet puisse se laisser aller à l'attention libre et réouvrir avec l'aide de son thérapeute les circuits bloqués. Pour y parvenir, celui-ci provoque l'état de sommeil hypnotique, le plus souvent par le regard, tout en gardant un lien direct par le tact : « Si c'est par/dans le regard que le sujet s'endort, c'est par le tact que l'hypnotiseur et l'hypnotisé restent en contact pendant le sommeil » (p. 103). Le travail s'effectue donc essentiellement grâce à « l'attention inconsciente », dans laquelle Liebault accorde au rêve un rôle déterminant : la thérapie ainsi définie est « rêve réalisé, hallucination efficace » (p. 108). Il compare le duo thérapeute/patient à la dyade primitive mère/enfant, montrant combien la mère connaît celui-ci dès l'origine et influe profondément sur lui à son insu (p. 111). C'est pourquoi aussi il donne une importance de plus en plus grande aux souvenirs du passé. Bernheim accordera une place beaucoup plus grande à la seule parole ; ce faisant, il accentuera le rôle du praticien et l'action suggestive directe, court-circuitant en quelque sorte tout le travail intérieur accompli par le sujet. Ce n'est pas sans raison qu'il remarquait que les guérisons étaient beaucoup plus nombreuses dans le cadre de son activité hospitalière, et parmi les gens du tout-venant. En revanche, il a maintenu fermement avec Liebault, contre l'école de Paris, que la suggestibilité était une capacité propre à tous les hommes, et qu'on pouvait y recourir largement.

Je ne dirai qu'un mot de Charcot, dans la mesure où il en est largement question dans le cadre de l'histoire de la psychanalyse dont il fait en quelque sorte partie intégrante. L'hypnose n'est pas pour lui une méthode de guérison, puisqu'il demeurera convaincu jusqu'au bout de l'origine neurologique des troubles ; c'est une méthode de démonstration, et qui ne convient qu'à l'hystérie compte tenu de la complexion spécifique à ce type de pathologie. Selon lui, il existe chez l'hystérique un double fonctionnement psychique[50] : l'un qui est commandé neurologiquement, l'autre imaginairement à partir d'idées toutes faites. C'est en agissant sur ce second fonctionnement qu'on peut reproduire les symptômes et les faire disparaître à volonté, ce qui ne change absolument rien au fond du problème. Il n'en reste pas moins que cette action permet de comprendre et de connaître les représentations qui perturbent sa vie de tous les jours.

On sait le rôle qu'a joué Josef Breuer dans l'initiation de Freud à la pratique de l'hypnose, à laquelle celui-ci répugnait *a priori* à la fois en raison de ses convictions positivistes et de son tempérament propre. Dans la cure d'Anna O., Breuer n'hypnotise pas à proprement parler, c'est sa patiente qui se met dans un état second à des moments précis, réguliers, et qui lui communique ce qu'elle a pensé et revécu, le médecin jouant cette fois surtout le rôle du témoin et éventuellement de l'interprète. Freud n'aura plus qu'un pas à faire pour mettre en place la méthode analytique, d'abord pour son propre compte dans l'autoanalyse, puis pour le compte de ses propres patients. À la même époque un homme accomplit de son côté un travail important qui donnera à l'hypnose ses lettres de noblesse, il s'agit d'un professeur de l'université de Liège, Joseph Delbœuf, dont les expérimentations sont demeurées célèbres [51]. On trouve chez lui la même attention apportée aux rêves. Il sera le premier à se battre pour qu'on ne réserve pas la pratique de l'hypnose aux médecins, pour prouver que l'hypnotisé se souvient parfaitement de ce qu'il a vécu sous hypnose et qu'on ne peut pas lui faire faire n'importe quoi comme certains le craignaient. Il fut aussi très sensible au fait que l'influence entre hypnotiseur et hypnotisé joue toujours dans les deux sens et que les hypnotisés d'un même hypnotiseur sont tellement marqués qu'ils constituent à leur insu une véritable confrérie dont les membres ont des caractéristiques communes.

Freud fait référence à Charcot, à Janet, à Breuer, à Berhneim, à Liebault et à Delbœuf. Il a largement reconnu sa dette à leur égard, surtout dans le domaine de la thérapie. Il est impossible de comprendre son propre cheminement et les éclaircissements qu'il a apportés sans tenir compte de tous ces abords. Nous y reviendrons chaque fois que nécessaire, car si la psychanalyse a accompli un progrès considérable, il n'existe pas d'avancée sans perte et sans oubli, et ceux-ci risquent parfois à la longue de compromettre les évolutions ultérieures.

CHAPITRE II

Les stratégies du moi

6. *La solution radicale : faire disparaître l'autre*

UNE PREMIÈRE DÉCOUVERTE ÉTONNANTE DE LA CLINIQUE ANALYTIQUE EN FRANCE

Dans le tout premier numéro de la *Revue française de psychanalyse*[1], Marie Bonaparte publia l'analyse d'un fait divers criminel qui avait défrayé la chronique deux ans auparavant : le 25 août 1925, une certaine Madame Lefebvre avait tué d'un coup de revolver sa belle-fille, alors que celle-ci était enceinte de deux mois et demi. Les experts ayant jugé cette femme responsable de ses actes, Marie Bonaparte entendait prouver qu'il n'en était rien et qu'elle était plutôt atteinte d'une psychose délirante paranoïaque. Elle fondait son analyse et sa démonstration sur une étude très poussée du dossier ainsi que sur les quatre heures et quart d'entretiens qu'elle avait eus avec Madame Lefebvre dix-huit mois après les faits.

L'histoire est la suivante : Madame Lefebvre est l'aînée d'une famille de quatre enfants, son premier frère étant né deux ans après elle, sa première sœur trois ans et demi, sa seconde sœur plus de six ans après elle. Au moment de cette troisième naissance, elle est mise en pension, pour n'en sortir que vers seize ans et demi. Elle se montre alors assez nerveuse, surtout dans ses relations avec sa mère, et on la marie à vingt-quatre ans avec un homme de dix ans son aîné. Elle perd une première petite fille à six mois et demi de grossesse et elle met ensuite au monde deux garçons sur lesquels elle concentre tous ses soins. Les choses iront à peu près bien jusqu'à la ménopause. Ce moment venu, elle développe une véritable hypocondrie et met fin aux devoirs conjugaux. Jusqu'au jour où son fils aîné se marie, à trente-quatre ans, et que sa femme attend un enfant : « C'est la grossesse de sa belle-fille que l'inconscient de Madame Lefebvre ne peut supporter », écrit Marie Bonaparte. Elle la tue d'une balle dans la tempe sous les yeux de son fils médusé.

Ce qui frappe le plus Marie Bonaparte, c'est l'amélioration immédiate de la santé de cette femme après ces événements tragiques. La symptomatologie hypocondriaque s'efface, de même que les angoisses et les insomnies. Bien plus, malgré son éducation religieuse et bourgeoise, Madame Lefebvre ne manifeste pas le moindre remords et considère son action meurtrière comme un geste salutaire qui l'a libérée de tout. « Que voulez-vous, dit-elle à Marie Bonaparte, ce n'est pas étonnant que j'aille bien maintenant : je n'ai plus d'ennuis. » Ce qui ne l'empêche pas de développer une tumeur au sein six mois à peine après son incarcération. Quelques années plus tard, en 1932, Jacques Lacan fait une remarque semblable à propos du cas Aimée [2] : non seulement le passage à l'acte et la privation de liberté n'ont pas eu sur le psychisme de sa patiente les effets désastreux auxquels on aurait pu s'attendre, mais il s'est ensuivi une réelle amélioration.

Ce type de questionnement restera à l'ordre du jour pendant toute la période qui précède la Seconde Guerre mondiale : le crime des sœurs Papin, celui de Violette Nozières donnent lieu à des procès retentissants où l'on voit s'affronter ceux qui préconisent les peines les plus sévères et ceux qui, se réclamant de la psychanalyse – les surréalistes en particulier –, analysent ces gestes inconsidérés comme de véritables tentatives d'autoguérison de la part de sujets surexploités par leurs employeurs ou enfermés dans une atmosphère étouffante par leurs proches. Ainsi se trouvent poussées à l'extrême certaines intuitions à peine formulées par Freud : il en ressort que *certains sujets n'envisagent pas d'autre voie pour accéder à la guérison que de tuer l'autre, l'autre séducteur, l'autre exploiteur, ce qui explique que le passage à l'acte provoque une véritable amélioration.*

Il m'a été donné de suivre en institution plusieurs sujets condamnés pour des passages à l'acte de ce type, et pour deux d'entre eux une véritable cure psychanalytique a été possible. Le compte rendu de la première a été publié, il s'agit d'un certain Christian, et j'en rappellerai quelques points [3].

Il est exact que le fait d'avoir tué a entraîné chez Christian un changement réel et même spectaculaire de son état, c'est d'ailleurs la raison pour laquelle il y avait très peu de chances pour qu'il récidive comme le craignait la justice. Par ailleurs, il est vrai aussi qu'il ne manifestait guère de culpabilité, en tout cas pas à propos de son acte. En revanche, *il était loin d'être à l'abri du remords* comme on le prétend trop facilement, même si celui-ci était dénié par le sujet lui-même. J'y verrais pour ma part l'origine de la tumeur dont va souffrir Madame Lefebvre. Ce qui veut dire que le véritable problème est désormais ailleurs, et que la coercition prend un sens qui échappe complètement à ses prescripteurs. Au cours d'une analyse classique, il est possible de prendre en compte cet affect et de le faire émerger, ce qui ouvre la voie à un travail en profondeur qui va bien au-delà du geste meurtrier.

L'analyse confirme également que l'origine de ce type de pathologie est à rechercher dans les débuts de l'existence, dans une réaction très vive aux premières séductions, celle que constitue en particulier la venue précoce d'un puîné. Il faut pourtant pousser beaucoup plus avant l'analyse, jusques et y compris dans le vécu des générations précédentes, si on veut éclairer les facteurs qui ont le plus contribué à l'évolution mortifère.

J'ai souligné également que le passage à l'acte provenait chez Christian d'un déplacement du registre du voir au registre de l'agir, et que c'est ce dérapage qui posait la question la plus délicate.

Comme dans le cas de Madame Lefebvre, le but poursuivi par le passage à l'acte était de faire disparaître le séducteur originaire, la source de tous les maux. Cependant Christian n'y est parvenu qu'à demi puisque, s'il a réussi à tuer l'autre, il s'est trouvé d'autant plus démuni ensuite pour gérer les effets perturbants qui en ont résulté et qui continuaient à fructifier en lui complètement à son insu.

Enfin, j'ai constaté que pour Christian comme pour Madame Lefebvre, le séducteur originaire était représenté par une femme enceinte, une femme portant un autre enfant.

LA RELATION THÉRAPEUTIQUE EST UNE LUTTE À MORT

Reprenons d'abord la question d'un point de vue plus global. Si nous sommes vraiment malades des autres, si la relation à l'autre est toujours plus ou moins la source des troubles qui perturbent notre existence, on comprend que la réaction première de la psyché consiste à vouloir s'en débarrasser. Il s'agit là d'un fait massif dont on trouve les traces dans la préhistoire collective comme dans celle de l'individu et que, exception faite de l'abbé Faria, la plupart des grands thérapeutes du siècle dernier se sont efforcés de masquer. Il ne faut pas remonter bien loin dans l'histoire pour constater que les meurtres sacrificiels ont fait longtemps partie des pratiques thérapeutiques et, aujourd'hui encore, la guerre revêt souvent le visage d'un meurtre rituel[4].

Le cas le plus typique et le plus exemplaire pour nous, en Occident, nous est donné par la religion chrétienne avec le sacrifice de Jésus. En le tuant, les textes en témoignent, il s'agit bien de tuer le « séducteur », cela entre parfaitement dans la logique de salut et de guérison que celui-ci a voulu incarner tout au long de son existence. Cela commence avec des guérisons « bénignes » ou ordinaires, comme celle de l'aveugle ou de la femme hémoroïsse, pour se poursuivre avec des résurrections et culminer avec le sacrifice suprême. Cette mort a donc un sens, qui est de mettre un terme à tous les maux dont les hommes sont l'objet, à condition qu'ils croient en la vertu de cet acte. Il ne faut pas oublier que les premières annonces évangéliques, celles qui composent le *kerugma*, sont des récits de la mort de Jésus et de sa valeur salvifique. Elles consistent essentiellement à proclamer que Jésus a souffert, qu'il est mort pour sauver tous les hommes qui croiront en lui. En même temps, en le mettant à mort, on s'en prend à la seconde personne de la Trinité, autrement dit à celui qui incarne la relation père-fils, pour qu'une autre relation s'instaure, qui est la relation selon l'esprit[5]. Par la suite, dans l'histoire de l'art, la représentation de la *Pietà* va souvent supplanter celle de la croix proprement dite : cette fois, il s'agit d'une mère, atteinte à travers son fils et en même temps que lui.

Une chose est sûre, c'est que celui qui se met en position de thérapeute doit à un moment ou à un autre affronter cette exigence inattendue. On a souvent dit que l'analyste prenait la place du mort. C'est vrai pour toute relation thérapeutique, le grand problème étant de voir comment se dédoubler de telle façon qu'on s'expose réellement tout en maintenant les distances. C'est sans doute ce qu'ont voulu exprimer les docètes et le Coran, quand ils ont estimé que la mort du Christ n'avait été qu'un subterfuge et qu'un autre était mort à sa place. Quoi qu'il en soit, le thérapeute doit toujours se considérer comme en sursis et envisager que la fin du traitement puisse être l'équivalent d'une mise à mort accomplie.

LES PROCESSUS EN JEU SONT MULTIPLES

Pour mettre en lumière les principaux processus en action ici, je trace à grands traits un scénario de « psychanalyse-fiction » qui les rend plus facilement repérables.

L'enfant, avons-nous dit, est soumis dès ses débuts dans l'existence à la séduction originaire, et celle-ci provoque toujours en lui des effets excessifs et déstabilisants. Il se trouve alors, affirme Jean Laplanche, en position de passivité, de soumission. Ce qui ne veut pas dire qu'il y reste, et c'est là-dessus que, pour ma part, je porte l'accent. La psychanalyse a d'ailleurs repéré très tôt *la capacité de réaction* dont il est habité, grâce à la théorie de Melanie Klein en particulier. Dans le cadre de cette théorie, les sollicitations dont l'enfant est l'objet sont conçues essentiellement comme intérieures, elles sont traduites en termes de mauvais objets que l'enfant projette en l'autre pour s'en assurer la maîtrise. Cette projection équivaut déjà à un désir de tuer l'autre, de le faire disparaître. En revanche, ce que Melanie Klein n'a pas vu, c'est que cette projection n'est jamais qu'une réponse, et que les « mauvais objets » en question sont d'abord ressentis comme venus des adultes. L'enfant ne fait rien d'autre que « rendre à César ce qui est à César ».

Cette réaction est pourtant plus complexe qu'il n'y paraît à première vue. Elle naît d'abord sous forme d'énigme, de question, et celle-ci est double ; face à la séduction dont il est l'objet l'enfant se demande : où se situe l'agression ? qui l'incarne ? d'où naît-elle exactement ? comment la faire cesser ou la faire disparaître ? Ce sont là des réactions immédiates et, pourrait-on dire, instinctives chez tout être vivant quand il se sent agressé. Pour le petit d'homme, elles prennent une tournure très particulière dans la mesure où tout se joue d'abord dans son esprit, dans son imaginaire.

Le problème de l'identification de l'agresseur donne lieu à une succession d'approximations qui vont prendre corps dans le cadre d'une dynamique narcissique qui est propre à chacun. L'agresseur, c'est d'abord, note Freud dans *Métapsychologie*, l'extérieur au sens large, la réalité comme telle. Le phobique est le témoin de cette conviction primaire. C'est ensuite, Melanie Klein l'a bien vu, la mauvaise mère, la mère conçue comme origine de tous les maux : elle devient dans le psychisme du sujet l'autre à tuer, à détruire. Dans le cas de Madame Lefebvre et de Christian, il s'agit de la mère en tant que mère ou, mieux encore, de la mère à l'enfant, à l'autre enfant : non seulement elle met en scène les privilèges dont le dernier-né hérite indûment, mais elle incarne surtout la relation originaire, celle-là même qu'il a tant investie et dont il découvre en la voyant qu'elle est aussi la véritable source de tous ses malaises actuels[6]. Au bout du compte, l'image qui figure le mieux l'agresseur est la représentation de la mère à l'enfant, l'une des plus répandues dans notre culture, l'une des plus rejetées aussi à chaque réforme religieuse. C'est qu'elle incarne à la fois la figure narcissique par excellence, celle qui nous constitue comme être humain en anticipant sur nos capacités réelles, et l'image la plus insupportable, puisqu'elle met en scène la séduction originaire sous sa forme la plus criante et la plus douloureuse. L'expression « un enfant est aimé » a toujours comme contrepartie dans l'inconscient l'autre expression éminemment célèbre : « un enfant est séduit, un enfant est battu[7] ». On notera que l'enfant s'en prend moins à telle ou telle personne qu'à une relation incarnée par la mère à l'enfant, mais qui peut ensuite s'incarner en d'autres figures analogues. Il s'agira alors du père à l'enfant, ou d'un animal séduisant un enfant (Léonard de Vinci), ou une jeune fille (Léda), etc.

L'autre problème qui se pose à l'enfant est de mettre fin à cette sollicitation excessive, et au moins de s'en délivrer, d'y répondre de façon efficace. Tout bébé, il n'a que peu de moyens à sa disposition : avaler, mordre, absorber, et l'analyse a théorisé largement que cela équivaut à introjecter, à incorporer. Il dispose aussi, grâce à la vision, du moyen de faire apparaître ou disparaître à son gré l'objet de sa vindicte : c'est l'origine d'autres processus importants comme la projection, l'annihilation, l'hallucination visuelle, etc. Enfin, il acquiert peu à peu une motricité élémentaire qui lui permet de manier les objets, d'en jouer et de mettre ses désirs en œuvre dans la réalité. On connaît la fameuse scène du jeu de la bobine décrite par Freud : en faisant apparaître et disparaître la bobine, et aussi sa propre image dans le miroir, l'enfant ne fait rien d'autre que mettre en scène la façon dont il réagit à la séduction originaire et à l'image qu'il s'est donnée de la séduction ; il en fait un objet, le fait disparaître et réapparaître à son gré, prenant ainsi le risque de disparaître à son tour. La réaction principale consiste donc pour lui à *faire disparaître la provocation telle qu'elle est incarnée par le couple mère/enfant*, avec la conviction que cela résoudra tous les problèmes. En même temps, cette disparition n'est vraiment constructive que dans la mesure où elle s'accompagne d'une introjection ou d'une réapparition qui vient le rassurer quant à sa propre existence.

Ce désir de faire apparaître/disparaître la figuration de la séduction donne lieu à un battement constant, vivant, dynamisant pour la vie psychique tout entière. Il arrive cependant que ce battement butte sur un obstacle imprévisible, qui l'amène à se crisper dans sa phase « faire apparaître » ; c'est la réaction narcissique excessive que l'on voit se produire en bien des pathologies et qui est la plus facile à repérer. L'autre forme du « faire disparaître » est la réaction mortifère destructrice qui peut prendre des formes multiples, la plus radicale étant celle que j'ai évoquée en citant les cas de meurtres précédents.

DU SYMPTÔME À SA THÉRAPIE

La plupart des auteurs ont bien perçu que ce type de passage à l'acte meurtrier avait un réel effet thérapeutique. Néanmoins il s'agit aussi, comme pour tout symptôme, d'un essai inachevé. Aussi le véritable problème est-il de rechercher comment accompagner le sujet dans sa démarche pour qu'elle soit remise dans ses rails et menée à son terme.

Il faut d'abord préciser que si un tel geste a parfois une véritable portée *thérapeutique*, c'est en fonction d'une conviction délirante. Celle-ci consiste à croire qu'en détruisant telle figuration du séducteur originaire ou de la séduction qu'il incarne, on sera libéré des maux qui en ont résulté, de tout le réseau de relations angoissantes qui lui est attaché. C'est une conviction délirante, mais elle est efficace : après un acte de ce type, le sujet va nettement mieux. Le paranoïaque croit plus que n'importe qui à la théorie de la séduction, il la prend à la lettre. J'ajoute toutefois que cette croyance ne convainc que le moi dans son besoin vital d'assurer sa cohésion et son unité. À d'autres niveaux de la psyché, c'est loin d'être aussi simple et évident.

Il faut préciser ensuite qu'il s'agit quand même d'un *acte symptomatique*, qui joue dans la réalité d'aujourd'hui un autre acte, lequel n'a de sens ou de raison d'être que dans l'imaginaire d'hier. Tout le monde croit plus ou moins que les autres contribuent pour beaucoup à leurs difficultés du moment, mais tout le monde n'en déduit pas – heureusement ! – qu'il faut effacer le fauteur de trouble de la surface de la terre. La raison de ce premier dérapage est à analyser au cas par cas : tantôt l'enfant a été l'objet de traumatismes réels, tantôt les parents ont transmis à leur insu les reliquats de traumas dont ils étaient eux-mêmes habités. Aussi le travail thérapeutique consiste-t-il à faire en sorte que la relation puisse se vivre et se formuler fictivement et imaginairement. C'est pourquoi il est si important de mettre en place un cadre thérapeutique et un contrat solides : c'est le seul moyen dont nous disposions pour offrir au patient la possibilité de vivre son désir dans une atmosphère analogue à celle où il l'a conçu.

L'autre raison pour laquelle il s'agit d'un acte symptomatique, c'est qu'il ne peut aller jusqu'au terme de la réalisation qu'il implique sans mettre le sujet lui-même en péril. Faire disparaître l'autre dans les conditions que je viens de définir aboutit en effet à se faire disparaître, à nous faire disparaître : c'est ce que nous donne à voir le suicide mélancolique, où le malade tue tous les siens, et surtout ceux auxquels il est le plus attaché, avant de mettre fin à ses jours. C'est pourquoi lorsqu'il y a passage à l'acte et meurtre effectif de l'autre, il y a toujours « un reste » indépassable, ce que l'autre a enté en moi à mon insu aux origines, et qui devient d'autant plus dangereux que je n'ai plus personne à qui le rattacher. On comprend pourquoi ce reste devient alors objet réel, et fait retour sur le corps (Madame B.), ou dans la réalité sous forme de remords (Christian).

Dans ces conditions, la relation thérapeutique avec ce type de patients doit viser à *faire apparaître ce reste*, à provoquer sa résurgence en des termes tels qu'il puisse prendre sens. Cette réapparition suppose d'abord *qu'on le sexualise*. Pour que ce reste puisse prendre forme dans l'économie psychique, il faut en passer par les fourches caudines des représentations sexuelles, des images phalliques. Il n'y a pas d'autre moyen pour qu'il puisse être partagé, communiqué, signifié. Dans l'analyse de C. par exemple, le reste prend l'apparence du sexe maternel, il se présente comme ce qui résiste à la castration. C'est seulement alors, dans un second temps, qu'on peut en *rechercher le contenu et la signification* exacte à partir du vécu familial.

Le but n'est pas d'amener le patient à renoncer au désir de faire disparaître la relation pathogène ; il est de faire en sorte qu'il le vive en son lieu et le pousse jusqu'en ses dernières exigences. C'est par là que se rétablira la pulsation narcissique originaire qui vise à faire disparaître et à faire réapparaître la figuration en jeu en cette histoire, de telle façon que les blocages et les dérivations dans la réalité n'aient plus de raison d'être.

La réaction thérapeutique mortifère peut prendre dans la vie quotidienne des formes beaucoup plus banales, ce qui n'enlève rien à la virulence mortifère dont elles sont habitées. Certaines façons de vouloir divorcer à tout prix, et d'imposer brutalement une séparation à l'autre par exemple, constituent imaginairement de véritables mises à mort pour renforcer son propre narcissisme. Il en est de même pour ces patients qui estiment que la seule solution à leurs problèmes consiste à rompre définitivement et brutalement avec leur milieu familial. Les exemples ne manquent pas aujourd'hui de ces tentatives pour s'attaquer dans la réalité à tel ou tel support imaginaire de la séduction, sans prendre garde aux effets qui peuvent en résulter, y compris chez ceux qui les provoquent. En revanche, ce désir mortifère est d'une grande efficacité, dans l'analyse comme dans la vie, lorsqu'il est canalisé et revécu au sein de la structuration œdipienne.

7. *L'autre solution extrême : se tuer pour guérir*

LA QUESTION DU SUICIDE

Compte tenu des développements précédents, on comprendra qu'il est vain de prétendre établir une relation thérapeutique en connaissance de cause tant que l'on n'a pas vraiment réalisé qu'on est appelé à y occuper la place du mort. La situation n'est pas davantage tenable si on n'a pas regardé en face une autre éventualité beaucoup plus fréquente, plus constante et plus surprenante : le risque suicidaire sous ses multiples formes. Chacun sait qu'on rencontre aujourd'hui plus que jamais beaucoup de déprimés avec lesquels ce risque n'est pas un vain mot – c'est une première raison de s'y préparer. Mais on aurait tort d'oublier que cette éventualité est effectivement présente dans toute relation thérapeutique et qu'elle travaille en sous-main toutes les relations fondées sur une pathologie quelle qu'elle soit. C'est à partir de là qu'il faut réévaluer ce que Freud appelle la « réaction thérapeutique négative », ce qu'on dénomme plus généralement aujourd'hui le négatif tel qu'il est à l'œuvre dans l'inconscient. Dans la clinique, ce risque prend des formes innombrables, depuis l'apparition du cancer du sein chez Madame B., dont j'ai parlé au chapitre précédent, jusqu'au remords au sens propre du terme tel qu'il travaille Christian dans le cas dont j'ai rendu compte. Bien des thérapies qui semblent se dérouler dans de bonnes conditions masquent ainsi une évolution mortifère qui vient parfois occuper le devant de la scène une fois la thérapie terminée[8]. On dit que certains jours l'écoute analytique est terriblement « mortelle » : c'est qu'il y règne en sourdine une atmosphère mortifère qui est particulièrement lourde à supporter.

Comment expliquer cette tendance à partir des prémisses que nous avons mises en place jusqu'ici ? Dans les mêmes termes que pour la réaction précédente. Dans son désir de guérir, le sujet opte pour une autre solution radicale, inspirée d'une façon de voir originaire et infantile : elle consiste à se faire disparaître pour effacer toute trace de séduction et en abolir les effets négatifs. C'est la tactique du sabordage. Celle qu'adoptent spontanément certaines femmes violées dans un contexte traditionnel : elles préfèrent mourir que de survivre à leur déshonneur. Rappelons que, selon Jean Laplanche, la séduction originaire met en jeu deux éléments bien distincts : les *signifiants énigmatiques*, qui renvoient aux signes séducteurs véhiculés par l'autre, aux messages dont il est porteur à son insu, et qui sont à la fois dynamisants et perturbants, et les *objets sources*, qui renvoient aux effets qui s'ensuivent dans le psychisme du sujet. La réaction suicidaire est celle qui ignore ou feint d'ignorer les messages initiaux pour n'en prendre en compte que les effets ou les résultats. Elle équivaut à jeter l'enfant avec l'eau du bain.

LA RÉACTION SUICIDAIRE DANS LA RELATION THÉRAPEUTIQUE

J'ai eu l'occasion d'aborder à plusieurs reprises la menace suicidaire telle qu'elle intervient au début ou en cours d'analyse [9]. Je rappelle d'abord une situation très particulière dont il a été question dans un article [10].

> Christine, vingt ans, arrive en consultation au dispensaire dans les conditions suivantes : elle vient de faire, quelques jours plus tôt, une tentative de suicide très grave et absolument imprévisible. Elle est infirmière et elle a profité des facilités offertes par sa fonction pour prendre dans la pharmacie de son institution un certain nombre de médicaments, puis elle en a avalé une dose qui aurait dû la faire passer de vie à trépas sans aucune rémission possible. Les médecins qui l'ont réanimée ne comprennent pas comment elle a survécu. Quant à elle, à peine réveillée elle se montre extrêmement revendiquante, demande qu'on la laisse se suicider en paix, affirme qu'elle va recommencer tout de suite, au point que le centre de réanimation l'oriente d'office vers un hôpital psychiatrique. Là encore, Christine ne s'en laisse pas conter. Dès son arrivée dans l'institution elle signe sa sortie, affirmant que de toute façon elle est absolument décidée à mourir et que personne ne l'empêchera de recommencer.
>
> C'est d'ailleurs ce qu'elle me dit à moi aussi. Elle est venue à cette consultation, me dit-elle, uniquement parce que son ami a fait pression sur elle et parce qu'elle veut dire aux médecins leur fait. Non seulement ce sont

des incapables, qui ne peuvent rien pour les gens, mais en plus ils veulent les empêcher de mourir. Elle en veut aux médecins, elle en veut aussi aux auteurs du livre *Suicide mode d'emploi*, car elle leur a fait une confiance aveugle, elle a suivi à la lettre une de leurs recettes les plus éprouvées, en prenant même un peu plus que la dose indiquée, et pourtant elle est toujours là. Alors, dit-elle, comment peut-on se fier à qui que ce soit, comment peut-on parler de liberté si les actes les plus personnels et les plus sacrés nous sont interdits ?

Conscient que toute tentative d'action de ma part serait fraîchement reçue et risquait d'entraîner des conséquences incalculables, je me suis efforcé de lui donner la possibilité de s'exprimer sans réserve. Ce qu'elle a fait tout son saoul pendant un long moment. Après quoi, avant de la laisser repartir je lui fais deux remarques : je lui dis d'abord que pour survivre à la dose de médicaments qu'elle a prise et manifester malgré tout le fantastique tonus dont elle témoigne si peu de temps après, il faut qu'il y ait en elle un désir de vivre d'une force peu commune, et qu'il est au moins à la mesure de son désir de mourir puisqu'il a triomphé. Je lui confie aussi que je suis très impressionné par la rage qu'elle a de prouver aux médecins, aux soignants, aux auteurs qu'ils ne comprennent rien à son problème, et qu'elle a raison. C'est une véritable énigme qu'elle nous pose à tous, qu'elle se pose à elle-même, et que peut-être elle aimerait y voir un peu plus clair, auquel cas cela vaudrait la peine qu'on en parle.

Ai-je eu raison de lui dire tout cela ? C'est ce qui m'est venu à l'esprit sur le moment à la suite de mes réflexions sur ce genre de problèmes. En tout cas, elle est revenue, elle a parlé, nous avons pu faire un certain travail ensemble, malheureusement de trop courte durée car elle devait partir en province quelques semaines plus tard. Malgré tout, pendant les premières années qui ont suivi cet incident, j'ai appris qu'elle faisait preuve à nouveau d'un dynamisme peu commun, dans sa vie personnelle comme dans ses activités professionnelles.

Tout autre est le cas de Madame Guy, qui s'est présentée à l'analyse dans des conditions plus classiques et qu'il m'a été donné de suivre pendant un temps suffisant, malgré tous les obstacles qu'elle a accumulés sur notre route [11]. Il s'agit cette fois d'une mère de quatre enfants qui se dit extrêmement dépressive et tentée régulièrement par le suicide. La cure sera d'ailleurs régulièrement rythmée par des périodes où elle sombrera dans une dépression écrasante, laissant constamment planer la menace d'un passage à l'acte. La situation s'est déjà considérablement améliorée, pour elle comme pour moi, lorsqu'elle prend conscience d'un fait assez troublant : la première fois qu'elle a été tentée de se jeter à l'eau, c'était exactement le jour et l'heure où sa propre mère s'est suicidée en avalant des barbituriques. Cette étrange coïncidence lui est revenue après coup et bien longtemps après les événements.

La coïncidence était d'autant plus significative que Madame Guy était fille unique et que son père était décédé quelques années auparavant, emportant avec lui de douloureux secrets de famille et lui demandant de bien prendre soin de sa mère. Elle a beaucoup analysé, bien entendu, le sentiment de culpabilité que le geste de sa mère avait éveillé en elle et qui la poursuivait jour et nuit. Mais il est apparu au fil de l'analyse qu'il s'agissait de bien autre chose. Madame Guy avait éprouvé pour sa mère un véritable amour passionnel, extrêmement ambivalent, fait de moments de violence et d'instants de merveilleuses retrouvailles. Elle ne pouvait renoncer à cette relation et se trouvait sous l'emprise d'un véritable aimant qui l'attirait vers la mort.

S'APPROPRIER LA SÉDUCTION ORIGINAIRE POUR LA MÉTAMORPHOSER

Il suffit de prendre en compte les données cliniques dont il vient d'être question pour s'apercevoir que la réaction suicidaire constitue une réponse spécifique à la séduction originaire. À l'énigme elle répond par une autre énigme, celle d'un comportement négatif, décidé, sans nuances, face auquel l'entourage reste le plus généralement totalement démuni : les bonnes paroles n'y font rien, elles ont souvent au contraire pour résultat d'exaspérer le désir d'en finir. Comme toute énigme en psychanalyse, celle-ci est à entendre en fonction de chacun, en tenant compte de la façon dont il a intégré et réinventé à sa façon le donné psychique dont il est façonné. On peut toutefois faire une hypothèse globale sur la logique inconsciente qui préside à ce mode de réaction, qui servira de guide et de repère dans la relation.

Face au spectacle du couple imaginaire idéal représentant la relation originaire source de dynamisme et d'angoisse, nous avons noté que la réaction première consiste à chercher comment s'en débarrasser, s'en libérer une fois pour toutes, et c'est la raison du geste meurtrier dont il a été question précédemment. Mais elle consiste aussi, dans d'autres cas, à chercher comment l'intérioriser, se l'approprier, la faire sienne, fusionner en quelque sorte avec elle. Le sujet est pris dans un processus d'idéalisation qui atteint son apogée avec le narcissisme, lequel devient ici, selon l'heureuse expression de Green, un narcissisme de mort. Car il n'entre pas seulement dans la logique du voir de croire que l'on peut faire disparaître un spectacle gênant par un simple regard, il en découle aussi qu'il existe un ailleurs, un autre lieu, où les choses peuvent se réaliser effectivement comme le veut notre désir. Cette croyance, considérée comme délirante, est la chose du monde la mieux partagée au royaume de l'inconscient. Et lorsque la séduction est plus angoissante que sécurisante, plus destructrice que dynamisante, on comprend que le sujet conçoive de tout recommencer à zéro à partir d'un univers évoquant celui de ses rêves initiaux et qui se situe dans un au-delà mythique auquel seule la mort peut ouvrir l'accès.

De quoi s'agit-il, sinon de concevoir une séduction réussie ou, ce qui revient au même, de pousser à bout le processus destructeur inscrit dans la séduction pour qu'il soit court-circuité ? J'ai appris ainsi que Christine était extrêmement attachée à un frère aîné qui représentait pour elle l'idéal de l'enfant espéré, et que la mort lui permettait de devenir le phallus idéal de la mère qu'il incarnait pour elle en fusionnant en quelque sorte avec lui. Pour Madame Guy, la mort ouvrait la voie à des retrouvailles dans un monde libéré de toutes les ambivalences et de tous les conflits. C'est en ce sens que la mort n'existe pas pour l'inconscient – Freud l'a dit et répété, suscitant une certaine méfiance –, car le désir de voir est ainsi fait qu'il balise les choses dans un espace sans limites dans lequel la mort est traitée comme le reste, c'est-à-dire comme une chose. Tout le malentendu inscrit dans le processus suicidaire est là : les patients qui en sont les victimes ne cherchent pas la mort au sens propre du terme, ils sont en quête d'une autre vie, d'une relation de séduction sans fin, sans failles et sans malentendus. C'est donc bien la guérison qu'ils cherchent, une guérison définitive, sans appel, et même mieux : la métamorphose définitive de la relation de séduction telle qu'ils l'ont secrètement désirée.

LA THÉRAPIE EST D'ABORD AFFAIRE D'ATTITUDE

On comprend combien la marge de manœuvre du thérapeute est étroite : ce qui lui est demandé, c'est de pousser à bout le symptôme, autrement dit de reconstituer cette séduction bienheureuse, un suicide à deux. Il est certain que les thérapies d'inspiration religieuse présentent ici un avantage sur toutes les autres : elles peuvent promettre cette réalisation tant espérée pour l'au-delà et aménager les difficultés actuelles au moyen de rites et de pratiques dirigées vers cette fin ultime. On retrouve ce thème en bien des thérapies traditionnelles. Je signale que Madame Guy était profondément croyante, ce qui l'a certainement beaucoup aidée dans son évolution. Le thérapeute n'a pas à tirer argument des convictions de son patient, c'est pourquoi je n'en ai pas fait état dans le compte rendu de cette cure. Il doit respecter cet état d'esprit, ancré dans l'histoire et l'inconscient du sujet, car il constitue un contrepoids premier et inconsciemment justifié à sa poussée mortifère. Pour les thérapies laïques, il s'agit d'aider le patient à aménager des formes d'au-delà qui lui soient accessibles dans la vie actuelle, soit sous la forme d'engagements, soit par l'entremise de la création culturelle ou artistique. Toutefois je ne pense pas que l'on puisse se contenter comme on le croit trop souvent d'analyser pour analyser, sans faciliter une reconstruction quelconque. On sait que telle était la consigne de Freud qui estimait que le patient n'était que trop porté à synthétiser. Dans les problématiques où le suicide est omniprésent, cette position est intenable.

D'un point de vue technique, il est surtout recommandé au thérapeute de *se cramponner au cadre et au contrat* autant que faire se peut. Je ne sais combien de fois Madame Guy m'a téléphoné de façon impromptue pour m'annoncer qu'elle avait décidé d'en finir dans l'instant. Je lui ai simplement répondu chaque fois que je l'attendais à son prochain rendez-vous, tel jour et à telle heure. Cette technique est à manier avec d'infinies précautions, le but étant de se référer au contrat et de placer le patient face à ses responsabilités en évitant qu'il ne les reporte sur son thérapeute [12]. La même attitude s'impose dans le cadre institutionnel : nous avons eu affaire récemment, en dispensaire, à une patiente qui appelait constamment au téléphone en menaçant de se suicider. Nous ne pouvions ni demeurer indifférents ni répondre à tous ses appels. Il a donc été décidé d'un commun accord et après réflexion de n'intervenir que dans le cadre de nos heures de fonctionnement et dans les limites de nos disponibilités, en évitant de prendre les choses au tragique. Cela n'a pas complètement calmé le jeu, puisque les menaces de suicide ont continué, mais elles rencontraient une atmosphère plus sereine du côté de l'institution. L'escalade s'est néanmoins poursuivie jusqu'à une tentative de suicide assez sérieuse, qui a conduit notre patiente en réanimation, puis à l'hôpital. Après quoi, il n'en a plus jamais été question.

Comme dans le cas de la réaction meurtrière, il n'est pas rare qu'une tentative de suicide vécue en relation soit suivie d'une réelle amélioration, confirmant après coup la visée thérapeutique du geste : c'est plus vrai encore lorsque le passage à l'acte s'inscrit dans un cadre thérapeutique ou intervient dans un moment fécond de l'analyse, comme pour le premier cas que j'ai évoqué. Hormis pour le cas de Christine, j'ai souvent constaté que cette amélioration est durable et n'entraîne pas de contrepartie après coup. Tout se passe comme si l'analysant s'appuyait sur ce comportement excessif pour renverser à son propre profit le processus de séduction originaire et en assumer les données sur un mode plus fécond et plus positif.

8. La stratégie de l'araignée et ses limites

DU TOUT POUR LE TOUT, À LA PARTIE POUR LE TOUT

Dans la plupart des cas auxquels nous avons affaire, heureusement, l'exigence se fait moins totalitaire qu'elle ne l'était dans les cas précédents. La demande thérapeutique témoigne d'un désir positif et s'articule autour d'une souffrance précise, localisée, centrée autour d'une partie du corps ou d'un comportement. À la question : Qu'est-ce qui ne va pas ? posée par le thérapeute, le patient répond en incriminant une fonction, une relation, un lieu du corps qui lui fait actuellement problème et qui l'empêche de vivre dans des conditions agréables. C'est la situation la plus classique. Certes elle masque souvent des problèmes plus profonds, mais n'en déduisons pas trop vite qu'il ne faut pas la prendre au sérieux.

C'est pourquoi lorsque la demande est formulée en ces termes, le thérapeute est souvent conduit à répondre de son côté par une action précise et bien délimitée. Face au patient qui fait appel à lui de cette façon, il se pose en technicien capable d'apporter remède à un dysfonctionnement. Il est là pour « réparer », pour remettre les choses en état. Depuis Hippocrate, les médecins se donnent pour consigne première de procéder de cette façon – dans l'ordre – et il est de plus en plus de thérapeutes aujourd'hui qui ne conçoivent pas leur action hors du cadre précis de la demande qui leur est faite. Et après tout, pourquoi pas ? Du moins si l'on ne se laisse pas complètement abuser par la situation.

Car il nous faut demeurer cohérents avec les réflexions précédentes : nous savons fort bien en effet que du côté de l'inconscient, le problème se pose en termes différents. Quant un patient vient parler de tel malaise, de tel blocage, de telle difficulté, ils ne sont pas à envisager seulement comme des maux ou des catastrophes ; ce sont aussi bel et bien des tentatives de guérison en cours, des tentatives manquées ou avortées sans doute, mais qui correspondent à des choix soigneusement pesés et décidés par celui qui les a inconsciemment décidés. *Si le patient vient demander de l'aide, ce n'est pas pour qu'on en fasse table rase : c'est pour pouvoir mener à bien son projet et trouver la libération qu'il souhaite au plus profond de lui-même.*

Cela n'invalide pas complètement la légitimité des thérapeutiques directes et réparatrices qui viennent d'être évoquées : un mal est un mal, rien ne justifie qu'on le laisse prospérer, surtout quand il s'emballe. Cela signifie que ces démarches plus directes doivent être situées dans une économie globale : au-delà de la souffrance en cause, il faut rejoindre et libérer la dynamique de guérison en cours, pour s'appuyer sur elle de façon à épouser autant que faire se peut la stratégie inconsciente adoptée par le sujet lui-même et lui donner les prolongements qu'elle appelle.

La première chose à faire, c'est donc de comprendre comment le patient en est arrivé à adopter ce type de solution et ce qu'elle signifie. Plaçons-nous pour cela dans la continuité des premières réactions que nous avons envisagées. Celles-là visent à annihiler les effets d'une séduction originaire insupportable en détruisant tout ou partie de ceux qui en ont été les protagonistes. Elles jouent le tout pour le tout. Avec les conséquences que nous savons. Par chance, l'inconscient a d'autres tours dans son sac. À la réaction « auto » et projective interne qui caractérise le geste suicidaire, il est capable d'associer, dès qu'il en a les moyens, d'autres processus ou d'autres procédés qui vont en limiter et canaliser les effets :

– le premier est bien connu, il consiste à remplacer le tout par une partie, et une partie interne. Cela correspond aux jeux de la métonymie. Au lieu de s'en prendre à lui-même, le sujet s'en prend à un lieu de lui-même ou à une relation ;

– le deuxième processus consiste à objectiver cette partie, à la fixer réellement, de telle manière qu'il soit plus facile de s'en assurer la maîtrise, de la montrer aux autres, d'en faire un point de fixation, un lieu d'ancrage ;

– tout cela s'opère toujours malgré les apparences dans le cadre d'une pensée magique ou délirante, puisqu'on imagine qu'en supprimant cette souffrance ou les tensions qui s'y concentrent, on aura résolu tous les problèmes et obtenu la guérison. Tel est d'ailleurs le premier résultat de cette opération : lorsque son symptôme est guéri, le patient éprouve un réel soulagement, de même qu'après le meurtre symbolique effectué par Madame Lefebvre, ou à la suite de certaines tentatives de suicide.

Cela fait penser à l'impression qui a prévalu le jour où on a pu enfin mettre en service l'ouvrage qui devait venir doubler le pont d'Austerlitz à Paris : on a cru le problème de la circulation réglé pour toute cette partie de la ville... et il a fallu déchanter, tout n'était pas résolu, loin de là. En attendant, c'est toujours bon à prendre. Le processus à l'œuvre, celui de la *pars pro toto*, s'avère être d'une efficacité indéniable. C'est donc autour de lui que nous allons centrer notre réflexion.

UN FRAGMENT D'HÉRACLITE

Vers 540 avant J.-C., le premier philosophe du logos, Héraclite, aurait eu cette sentence étonnante : « De même que l'araignée tapie au centre de sa toile, lorsqu'une mouche a brisé quelque fil, le sent et y court rapidement comme si elle souffrait de la section du fil, de même l'âme de l'homme, lorsqu'une partie du corps est blessée, s'y précipite comme si elle ne pouvait supporter la lésion de ce corps auquel elle est fermement et harmonieusement unie [13]. »

L'âme, ou l'araignée, c'est le *moi*, un moi parvenu à se dégager et à se distinguer au moins partiellement de la configuration narcissique qui prévalait dans les réactions précédentes. C'est un moi relativement autonome, un moi « cavalier », pour reprendre l'expression de Freud, qui est laborieusement parvenu à prendre une certaine distance par rapport aux traumas initiaux et même au fonctionnement psychique tout entier ainsi que le théorisent un certain nombre d'auteurs actuels [14].

Le lieu de l'âme dont il est question, ou la faille provoquée par la mouche, renvoient au *point d'impact* supposé de la séduction, au lieu où le trauma est ressenti : « mouche assassine », disait-on au Grand Siècle en une métaphore sexuelle particulièrement évocatrice du dommage éprouvé. Héraclite la situe dans une partie du corps, mais elle peut toucher l'âme aussi en tant que telle ou un aspect caractéristique de la relation.

La *stratégie* de l'âme, comme celle de l'araignée, consiste à se porter immédiatement là où la mouche est passée, à l'endroit où se situe la brisure qu'elle a provoquée dans la trame. C'est exactement ce qui se passe normalement quand il y a souffrance ou malaise. Freud le rappelle dans son article sur le narcissisme, le moi ne peut plus penser à autre chose. « L'hypocondriaque retire intérêt et libido – celle-ci avec une évidence particulière – des objets du monde extérieur et concentre les deux sur l'organe qui l'occupe [15]. » Il ne fait plus qu'un avec lui. La souffrance qui se manifeste étant originellement celle d'un moi blessé, touché par la séduction originaire, il est inévitable que le moi en question refasse corps avec le point d'impact par l'intermédiaire de cet organe souffrant, dès qu'il estime cette atteinte menaçante pour son intégrité.

Tout patient qui se plaint d'une douleur ou d'une difficulté quelconque se comporte donc sans le savoir à la façon de l'araignée dont parle Héraclite, à cette différence près qu'il tend à se confondre avec l'organe blessé. Les métaphores qui rendent compte de cette façon de réagir sont nombreuses[16] : la célèbre parabole de la brebis perdue, dans l'Évangile, en est une. Aller à la recherche de la jeune égarée en laissant les 99 autres, n'est-ce pas concentrer toutes les virtualités du gardien et du troupeau autour d'un seul membre souffrant ? C'est l'une des représentations les plus fréquentes sur les sarcophages chrétiens des premiers siècles, où l'âme du défunt est précisément figurée par la brebis perdue.

LA THÉRAPIE : DU DÉTOURNEMENT D'ATTENTION À L'ATTENTION FLOTTANTE

Nous avons émis l'hypothèse que cette mise en avant d'une souffrance précise et bien localisée, cette façon de faire corps avec elle, équivaut à une tentative de guérison, qui se trouve brisée dans son élan, bloquée, insuffisante. Il nous incombe maintenant de préciser pourquoi.

Il faut d'abord rappeler que le choix du symptôme s'opère selon une logique régie par le principe de plaisir et sous l'influence de certains processus primaires parmi lesquels le refoulement est toujours en action. S'il est de bonne guerre pour le moi de concentrer les effets du trauma initial sur un organe ou une relation circonscrite, s'il parvient de cette façon à limiter et à canaliser la visée réactive face à la séduction, il est aussi joué par son désir de masquer les véritables enjeux et d'aller au plus facile. On n'est pas seulement dans une logique de partie pour le tout, on est aussi dans le système bien connu du bouc émissaire. Le bouc choisi pour porter les misères du peuple n'y est absolument pour rien, et pourtant c'est lui qu'on incrimine, et d'autant plus qu'il masque les véritables raisons de la souffrance, qu'il est avant tout une peau protectrice, analogue à celle qui permit à Ulysse autrefois d'échapper au Cyclope[17]. Cela fait aussi penser à l'histoire de ce poivrot qui, rentrant très tard la nuit et ayant perdu sa clé, la cherche sous le réverbère. Quand on lui demande s'il est sûr de l'avoir égarée à cet endroit, il répond : « Non bien sûr, mais ici j'ai une chance de la trouver, au moins il fait clair ! »

D'ailleurs, nous l'avons vu, le moi ne se maintient pas si aisément dans le statut de cavalier distinct de sa monture qu'il ambitionne de devenir : il reste inconsciemment le jouet du système qu'il a contribué à mettre en place. Dès que les circonstances de la vie attisent la souffrance attachée au symptôme au point que le fil risque de se rompre, il pratique la stratégie de l'araignée, il est irrésistiblement poussé à faire corps avec l'endroit touché, il ne peut plus penser à autre chose. À la limite, il se retrouve à peu de choses près dans le cas de figure précédent, puisqu'il se confond avec le lieu de la souffrance et ne parvient plus à s'en détacher. Le bouc émissaire, c'est lui. Combien de patients viennent en thérapie avec un symptôme bien circonscrit qui peu à peu, au fur et à mesure que le temps passe, en font à ce point une affaire personnelle qu'ils en arrivent à adopter des attitudes suicidaires. Ne pouvant se libérer de ce mal devenu éminemment encombrant, ils en viennent à vouloir disparaître avec lui.

C'est dans ce contexte qu'il faut situer la stratégie thérapeutique qui s'est mise en place tout au long du XIXe siècle. Avec Liebault, elle est centrée sur le phénomène de l'attention. Si on traduit en ces termes la stratégie de l'araignée décrite par Démocrite, cela revient à dire que la souffrance du moi tient à ce qu'il centre toute son attention sur le lieu où il situe son mal. J'ai simplement ajouté que dans le cadre de la théorie de la séduction, cette souffrance résulte elle-même au préalable d'une fixation ou d'une isolation. C'est pourquoi la première injonction de l'hypnotiseur, comme du psychanalyste, vise à suspendre l'attention en question : l'araignée-moi est invitée à quitter le lieu supposé du dégât occasionné par le passage d'une mouche trop remuante pour prendre en compte la toile tout entière, et plus précisément pour s'y laisser promener sans *a priori*.

Dans quel dessein ? Dans l'optique de Liebault, il s'agit de repérer les véritables points de rupture, afin que la stratégie précédente, faussée par le principe de plaisir et certains processus inconscients, puisse être utilisée de façon plus adaptée. Lorsque le moi aura pu laisser l'attention retrouver les raisons qui le font effectivement souffrir, en saisir la signification et l'origine, il ne s'en préoccupera plus. Freud pratique ses premières thérapies dans un esprit analogue, pourtant il s'aperçoit rapidement que cela ne suffit pas. Les interprétations auxquelles donnent lieu les véritables fixations inconscientes sont multiples, et plus on laisse l'attention flotter plus il s'en manifeste, au point qu'il y a de quoi désespérer d'en venir à bout. Car la séduction originaire est un donné incontournable, il n'est pas question que l'on puisse un jour ou l'autre en effacer complètement les effets, sauf à nous effacer avec elle : *il faut donc surtout apprendre à accueillir les dysfonctionnements passagers qui ne manquent pas de surgir à tel ou tel moment de la vie, parfois pour des raisons futiles, puis s'habituer à les situer, à les laisser jouer sans faire corps avec eux.* Au lieu de courir après la brebis perdue, s'occuper de toutes les autres au fur et à mesure qu'elles se font entendre. Au simple détournement d'attention qui est de règle dans la plupart des thérapies aujourd'hui doit se substituer progressivement une attention librement flottante.

Cela permet d'abord de s'éviter des souffrances inutiles : toute souffrance, on le sait mieux aujourd'hui, est due à l'adhésivité du moi s'acharnant à colmater les brèches dont il se croit menacé. Nasio l'a fort bien souligné dans *Le Livre de la douleur et de l'amour*[18]. Dans la plupart des cas, cet acharnement s'avère plus nocif qu'autre chose : mieux vaut oublier sa dent pendant que le dentiste intervient, plutôt que de faire corps avec elle. L'hypnose est bien utile pour provoquer de tels désinvestissements dans des cas parfaitement circonscrits. Reste aussi à fournir au moi d'autres expressions des traumas initiaux, dans l'action, l'imaginaire, la création, et tant d'autres modalités que nous aurons l'occasion d'explorer par la suite.

En attendant, cette propension inconsciente à se fixer sur les points de souffrance dès qu'ils apparaissent est à prendre en compte dans toute relation thérapeutique. Il n'est pas inutile d'apprendre au patient à la gérer lui-même, en profitant de toutes les occasions où ce penchant se manifeste. « Quand j'entre dans mon bureau, dit tel analysant, je me demande immédiatement si ma voisine a mis son poste fort ou non, c'est plus fort que moi. » « Quand je vais à ma boîte aux lettres, dit tel autre, je cherche spontanément s'il n'y a pas une lettre à en-tête du commerçant avec qui je suis en litige. » Comme on le dit vulgairement, nous passons notre temps à chercher la petite bête, à nous chercher des poux, comme si cela allait nous permettre de fixer enfin la source et l'origine du malaise intérieur que nous promenons avec nous depuis notre venue au monde. De ce point de vue, le simple apprentissage de la libre association et de l'attention flottante dans la cure est à lui seul une véritable thérapie. Cela ne veut pas dire qu'il libère de tout problème, mais au moins le moi y gagne une capacité à ne pas en être totalement prisonnier.

SOUFFRANCE OU DOULEUR ?

La question de l'attention mériterait de plus longs développements compte tenu du rôle central qu'elle joue dans la stratégie du moi pour faire face aux angoisses qui le tenaillent. J'aurai l'occasion d'y revenir. J'ajouterai simplement deux choses : la première, c'est que l'attention dont nous parlons n'est pas seulement un phénomène conscient, et que la fixation inconsciente pose des problèmes autrement redoutables. La seconde, c'est qu'il convient de distinguer la souffrance dont j'ai beaucoup parlé jusqu'ici et la douleur proprement dite. Un organe peut être en souffrance, cela ne veut pas dire que l'on éprouve de la douleur. Et réciproquement. Bien plus, on peut éprouver une douleur minime alors que la souffrance est extrême, et on peut hurler de douleur alors qu'aucune souffrance n'apparaît. Or je pense que cela tient précisément au type d'attention que nous portons à l'organe touché, et j'illustre ceci par un exemple. Certains auteurs, et notamment Sami Ali, ont remarqué que les psychotiques étaient rarement atteints de graves maladies organiques, surtout durant les périodes de crise. Bien plus, ils notent parfois, comme chez Schreber, une alternance entre les périodes de délire et les périodes où se manifestent des affections psychosomatiques.

J'ai eu l'occasion d'observer un autre phénomène, encore plus étonnant. Il s'agissait d'une femme atteinte depuis des années d'une grave psychose hallucinatoire et qui vivait à longueur de temps dans un univers complètement délirant. Il s'est avéré un jour, au cours d'une visite médicale, qu'elle souffrait d'un grave cancer du sein, avec métastases, et celles-ci ont proliféré rapidement au point qu'on a bientôt compris qu'elle était condamnée. Cette femme n'a jamais émis la moindre plainte : elle vivait comme si cette souffrance n'existait pas. Ce qui veut dire que s'il y avait eu au départ une attention inconsciente, qui avait provoqué la souffrance de l'organe et fixé en partie son angoisse selon le processus que nous avons analysé, l'attention consciente avait été entièrement confisquée par la pensée délirante, tant et si bien que la douleur n'avait pu émerger. Il ne faut jamais se fier aux apparences, surtout avec les psychotiques !

9. *L'amour guérisseur*

UN LEURRE QUI A AUSSI VALEUR DE MODÈLE

Flaubert écrit ceci : « Celui qui ne dit pas du mal des femmes ne les aime pas, puisque la meilleure manière, la plus profonde, de sentir les choses est d'en souffrir[19]. » Il nous rappelle ainsi, s'il en était besoin, que l'énigme représentée par le comportement de l'époux de son héroïne n'est pas la moins intéressante. Bien sûr, une femme pourrait en dire autant, encore que pour elle, les choses prennent un tour plus complexe – Madame Bovary en est précisément une bonne illustration. Quoi qu'il en soit, cette remarque fait une bonne transition entre la stratégie évoquée au chapitre précédent et celles qui vont nous retenir par la suite. Dans le cas présent, en effet, ce n'est pas tel ou tel lieu du corps ou de la relation qui concentre les maux ressentis, c'est l'autre, ou plus précisément la relation à l'autre sexe : c'est l'amour qui fait mouche, et le moi blessé, selon l'image la plus traditionnelle, n'a pas d'autre possibilité que de se précipiter sur la brèche et de faire corps avec elle, avec les avantages et les inconvénients qui en résultent.

Il peut sembler très réducteur de faire de l'amour un chapitre de la thérapie : d'autant qu'il s'agit foncièrement d'une arme à double tranchant, puisque à l'amour vainqueur on oppose traditionnellement l'amour mortel et l'amour destructeur. C'est la raison pour laquelle je l'ai d'abord présenté comme un leurre, et il le reste lorsqu'on considère la rencontre de l'âme sœur et une sexualité épanouie dans ce cadre comme les meilleurs remèdes à tous les maux de l'existence. Ceci dit, la psychanalyse nous a appris à prendre les leurres au sérieux pour en dégager la signification latente, souvent très révélatrice. D'ailleurs, l'affirmation selon laquelle l'amour contribue au bien-être de ceux qui en vivent ne signifie pas que les mille autres façons de l'aborder n'aient rien à nous apprendre, loin de là.

On ne distinguera pas ici, comme en d'autres études du même type, l'amour et la sexualité[20]. Du point de vue psychanalytique le plus immédiat, l'un ne va pas sans l'autre, ou plus précisément l'amour implique toujours une composante sexuelle, quelle qu'elle soit. Nous sommes toujours dans le cadre de ce qu'on peut appeler les stratégies du moi, de celles qui s'élaborent sous la gouverne du moi en ses divers états, des plus embryonnaires aux plus élaborés. La recherche d'un partenaire avec qui nouer une vie sexuelle satisfaisante fait partie de cette stratégie, elle constitue l'une de ses pièces maîtresses. En effet, quand on en arrive là, on peut affirmer sans crainte d'exagérer que la boucle est bouclée.

Pourquoi ? *Parce que la relation la plus importante de l'existence, celle autour de laquelle on cherche à s'unifier, à se réaliser, apparaît inconsciemment à celui qui la vit comme la réplique exacte, la copie conforme, de celle qui a marqué les débuts de son existence.* C'est pourquoi il cherche sans le savoir à rejouer à travers elle les vicissitudes de la séduction originaire dans l'espoir de la projeter, de l'exhiber, de l'inverser et à la limite de s'en libérer. La rencontre amoureuse et la vie de couple représentent de ce fait un lieu privilégié de notre évolution libidinale, elles occupent une place centrale dans la société humaine comme dans la production artistique et littéraire. Et si la vie de couple fait l'objet de tant de bouleversements dans le monde actuel, c'est qu'on y place des espoirs fantastiques. Malheureusement, elle résiste d'autant moins aux conflits dont elle est inévitablement le théâtre que les cadres et les structures qui lui assuraient une solidité à toute épreuve jusqu'ici se sont peu à peu disloqués.

L'ACCÈS À LA GÉNITALITÉ

L'intuition que je viens d'évoquer est en germe dès les origines de la psychanalyse, et celle-ci ne fait que la reprendre à d'autres courants de pensée largement antérieurs. Des papyrus d'Égypte datant de quatre millénaires consignent déjà que la rencontre amoureuse est le meilleur remède à tous les maux. L'idée revient dans les différents arts d'aimer, dont celui d'Ovide n'est qu'une version parmi d'autres. Et Freud a entendu de ses premiers maîtres, Charcot en particulier, que les hystériques souffraient surtout de la « chose génitale ». Dans les *Trois Essais*[21], les divers aspects de la libido sont présentés de telle sorte qu'il est sous-entendu que la sexualité génitale doit permettre d'assumer et d'unifier tous les désirs. Et lorsqu'il est question de la névrose actuelle, Freud affirme clairement qu'une vie sexuelle vécue dans des conditions normales résout bien des problèmes. Rappelons enfin le cas de Madame Lefebvre rapporté par Marie Bonaparte : quand elle revient de pension à la maison et manifeste un caractère assez difficile, on s'empresse de lui trouver un mari, et tout rentre dans l'ordre... du moins pendant un temps.

Cette façon de voir les choses reste largement dominante dans les théories psychanalytiques modernes, malgré les critiques qui lui ont été adressées, par Lacan en particulier. Ceci dit, elle revêt des facettes multiples et plus nuancées. Pour Françoise Dolto, par exemple, il est certain que l'accès à la génitalité et une relation de couple solide et féconde ont toujours constitué la meilleure façon d'accéder à un certain équilibre. Dans la pensée de Sami Ali, les troubles psychosomatiques sont liés à un défaut de triangulation originaire, autrement dit à une incapacité de se situer dans l'univers en expansion constitué par la différence des sexes. Beaucoup de demandes d'analyses sont encore motivées par des difficultés à rencontrer l'autre sexe, ou par des avatars de la relation amoureuse, et si les diverses associations visant à la thérapie de couple ont pris un tel essor ces dernières années, c'est bien parce qu'elles prennent en compte un problème qu'on considère comme essentiel.

Pourtant, je l'ai dit en commençant, l'amour n'est pas une panacée, ce peut être aussi un leurre, et les pervers nous le rappellent non sans une certaine ironie. L'amour soulève souvent plus de problèmes qu'il n'en résout, au point qu'on se demande si certaines personnes n'y perdent pas beaucoup plus qu'elles n'y gagnent. *C'est surtout le cas lorsqu'on cherche à reproduire à l'identique la configuration originaire de la séduction, car cela prédispose à entrer dans un processus de répétition mortifère.* Il nous faut donc soigneusement interroger pourquoi on le considère comme un remède et dégager ce que cette intuition implique de vérité cachée dont nous pourrions tirer profit. Il faut aussi repérer en quoi il est toujours insuffisant et appelle d'autres modes de relation pour tenir ses promesses. Car cette conviction est présente au sein de la relation thérapeutique au moins depuis ses sources gréco-latines, le serment d'Hippocrate en témoigne *a contrario* : tout thérapeute s'y trouve confronté un jour ou l'autre, soit directement soit indirectement, il ne peut se contenter de la fuir, de la limiter ou de l'interdire, il doit pouvoir la regarder en face et en tirer parti.

LES PRINCIPAUX PROCESSUS EN JEU

Si l'amour apparaît à la plupart des hommes comme une solution, ce n'est pas seulement parce qu'il permet de répéter la séduction originaire, c'est surtout parce qu'il constitue le moyen par excellence d'en inverser les termes et d'en tirer un profit profond et immédiat. C'est d'abord sous cet angle-là qu'il nous intéresse et constitue une mine d'enseignements inépuisables. C'est un révélateur. Il est surtout la traduction d'un certain nombre de processus ou de procédés sur lesquels nous sommes amenés à nous appuyer dans la relation thérapeutique, fût-ce indirectement. Outre ceux qui ont déjà été mis en lumière à propos des réactions précédentes, d'autres entrent directement en jeu qui vont toujours dans le sens de la recherche du plaisir et du plaisir le plus immédiat :

– Le processus le plus remarquable, celui qui frappe d'emblée, est un processus composé, relativement complexe puisqu'il consiste en une *projection retournement/renversement* de la relation d'origine.

La relation A/B se transforme en une relation B'/A' où les deux partenaires se trouvent totalement impliqués. Il y a *projection*, puisque B'/A' n'a rien à voir en soi avec son prototype A/B, lequel est un vécu d'enfance et met en jeu des affects et des impressions profondément refoulés, alors que pourtant, quand le sentiment amoureux s'éveille, on espère retrouver tout ce qui s'est vécu dans cette toute première rencontre de l'autre. Freud souligne à propos de l'adolescence que la rencontre de l'« objet sexuel » constitue en réalité des retrouvailles[22]. Il ne croit pas si bien dire. À condition de préciser que ces retrouvailles concernent plus précisément une relation, ou les contenus d'une relation, et qu'elles s'effectuent sous le signe d'une véritable hallucination.

Il y a aussi *renversement* dans la mesure où on se situe cette fois sur le versant actif, où l'on est animé d'une vitalité incroyable, alors que la séduction première a été vécue dans la passivité, ou plus exactement dans une totale réceptivité. B' n'est pas seulement devenu adulte, il est surtout devenu l'acteur de la relation, et c'est seulement dans cette mesure qu'elle s'avère féconde et efficace. À cet égard, l'amour représente l'aboutissement de toute la dynamique active que nous avons vu poindre depuis la toute petite enfance et s'accomplir sur les modes les plus divers.

Il y a *retournement* enfin puisque le sujet concerné envisage à son insu de faire vivre à l'autre tout ce qu'il a ressenti et souffert sans le comprendre. J'ai parlé à ce propos de « métabole inversée ». Cela fait partie des surprises de l'amour, et elles sont souvent beaucoup plus amères qu'on ne l'imaginait. C'est que B' ne se contente pas de renvoyer ce dont il a été bombardé, il le fait avec les moyens nouveaux et décuplés qui sont ceux de ses propres désirs actuels.

– Un facteur entre ici directement et explicitement en jeu, qui pèse d'un poids très lourd dans la stratégie adoptée, l'accès au plaisir et à l'*orgasme sexuel*. Celui-ci constitue indiscutablement l'affect par excellence, le moyen privilégié de transformer en un instant le potentiel d'angoisse provoqué par toutes les séductions vécues. Freud y voit surtout une décharge permettant d'abaisser la tension libidinale accumulée au cours de l'approche et des préliminaires. C'est encore trop peu dire. Il s'agit d'une véritable mutation de l'angoisse en plaisir. Avec tous les inconvénients qui en résultent, et que Joyce McDougall met bien en lumière lorsqu'elle parle de sexualité addictive[23], écrivant : « Quand des événements intérieurs ou extérieurs dépassent notre capacité habituelle de contenir ou d'élaborer les conflits suscités, nous avons tous tendance à manger, boire, fumer plus que d'ordinaire [...] ou bien à nous jeter dans des relations, sexuelles ou autres, avec la même visée. » Ce facteur est spécifique à l'amour et il ne peut manquer de poser question : qu'est-ce donc que cette capacité que nous avons de transformer toutes les charges d'angoisse à l'œuvre dans le psychisme en une dynamique de plaisir ? On comprend qu'elle sidère et qu'on ait forgé à partir de là les slogans bien connus selon lesquels l'amour résout tous les problèmes. Les adolescents sont plus portés que n'importe qui à se laisser abuser par de tels raccourcis.

– Cette stratégie s'articule ici autour d'un ensemble d'organes précis qui jouent à plein le rôle du lieu de fixation que nous avons analysé précédemment à propos de la stratégie de l'araignée : il s'agit des *organes sexuels* proprement dits. Ils s'avèrent particulièrement aptes à condenser et à intégrer le contenu énigmatique de la séduction originelle dans la mesure où c'est précisément la dimension sexuelle des messages adultes qui fait le plus problème pour l'enfant.

On comprend que devenu adulte, il s'efforce de revivre avec les moyens dont il dispose les impressions ressenties et qui ont représenté pour lui de véritables mystères. Il n'y a pas seulement projection/retournement/renversement, il y a aussi traduction en termes sexuels et en gestes sexuels de ce qui n'était généralement au départ que tendresse et amour. L'Homme aux rats témoigne de cette adéquation immédiate lorsqu'il rapporte à Freud l'éblouissement que lui a procuré sa première rencontre sexuelle : ce que j'ai ressenti, dit-il, dépassait de loin tout ce que j'avais pu imaginer. Et pour cause, puisqu'il a eu l'impression pour une fois d'être à la hauteur des sollicitations reçues sans comprendre, et qu'à cette occasion la jonction du sexe et du moi tout entier au moment de l'orgasme provoque une authentique catharsis. La stratégie de l'araignée trouve ici sa justification.

LES PROBLÈMES POSÉS

Si l'acte amoureux provoque un soulagement profond et immédiat – trop immédiat parfois –, il n'en reste pas moins, je l'ai dit en commençant, qu'il n'échappe pas à la condition commune du passage à l'acte dont il a déjà été question à diverses reprises. On n'assiste cette fois ni au remords ni à la culpabilité, sauf cas particuliers qu'il faut analyser pour eux-mêmes ; en revanche, il s'ensuit souvent après coup une insatisfaction qui est à la mesure des enjeux inconscients. *Post coïtum, animal triste*, dit l'adage. À la vérité, l'être humain n'est pas triste, disons plutôt qu'il sent poindre une insatisfaction plus profonde dont il ne saisit pas la raison d'être et qu'il est tenté de masquer par la répétition. Si la règle d'abstinence s'est imposée comme une nécessité dans la relation thérapeutique, c'est pour cette raison : on dit parfois que la psychanalyse est puritaine ou bégueule. Cela n'a rien à voir. Cette règle ne signifie en aucun cas un refus de l'amour ou une quelconque pruderie. Elle nous rappelle qu'en entrant dans le jeu de l'amour physique, on risque de s'enfermer dans le registre du passage à l'acte, en tout cas on se prive de la possibilité d'analyser ce qui se passe dans la relation amoureuse et qui est de deux ordres : intime et personnel d'abord, au sens où les sources de l'angoisse sont à rechercher du côté de la séduction d'origine et pas seulement dans la relation actuelle ; plus général ensuite, dans la mesure où si l'amour ne guérit pas vraiment la séduction originaire, il nous fournit surtout de précieuses indications pour la gérer de façon plus vivable. Voici d'abord un exemple qui me paraît assez révélateur.

Un homme d'une quarantaine d'années, que j'appellerai Marcel, vient consulter pour des problèmes sexuels. En réalité, au fur et à mesure qu'il les expose – avec d'ailleurs une très grande simplicité –, on peut se demander si sa demande justifie vraiment une thérapie personnelle. En effet, il se reproche surtout d'avoir une demande trop insistante auprès de sa partenaire, alors que celle-ci fait tout pour espacer les rapports. « Pour moi, dit-il, c'est vraiment vital. Quand je peux vivre un rapport satisfaisant, je me sens parfaitement apaisé, réconforté, détendu. Par contre, lorsque je suis obligé d'attendre plusieurs jours, cela devient vite insupportable, au point que je deviens même excessif dans mes réactions. » Quoi de plus normal après tout ? Et la réaction première du thérapeute consiste à lui indiquer que c'est un problème de couple. Par chance, au cours du même entretien, Marcel fait un rapide retour sur son existence, dont il ressort en particulier que par deux fois il est venu à la place d'un mort : dans le couple de ses parents d'abord, qui l'ont voulu et mis au monde pour remplacer un enfant mort en bas âge. Dans le couple de ses parents nourriciers ensuite : il a été mis en pension durant de longues années où ses parents travaillaient tous les deux, et il est tombé par hasard chez un couple de cultivateurs qui venaient eux aussi de perdre un enfant, ce qui fait qu'ils l'ont surinvesti pour des raisons identiques. Si la relation sexuelle est vitale pour lui, c'est parce qu'elle lui permet de faire contrepoids à une force mortifère extrêmement agissante, qui reprend le dessus en le plongeant dans la dépression dès qu'il est renvoyé à lui-même. Finalement, il attend de sa partenaire qu'elle le fasse revivre, ce qui bien sûr donne à la relation une intensité telle que celle-ci la supporte très mal. Sans remettre en cause sa demande initiale, le véritable travail thérapeutique a consisté à revenir sur son problème fondamental et à dégager peu à peu les fantasmes qui sous-tendaient sa relation sexuelle et qui la rendaient si impérieuse et si insupportable à la fois.

Ce type de demande pose donc bien deux questions distinctes. Je formulerai la première dans les termes suivants : que s'agit-il exactement d'assumer, d'éclairer, et à la limite de guérir, que la relation amoureuse et sexuelle écluse si bien, mais de façon trop immédiate, pointilliste et sans jamais en venir à bout réellement ? Pour Marcel, il s'agissait d'un problème qu'il portait depuis sa toute petite enfance : il avait à remplacer deux enfants morts, il lui fallait assumer imaginairement une double relation vampirique extrêmement angoissante. C'est pourquoi la relation sexuelle en tant que telle avait des limites. Il lui fallait la compléter sur des registres complémentaires ; d'abord celui de la parole, et plus précisément de l'anamnèse, des souvenirs, lui permettant de rejoindre dans le concret des choses ce qu'il s'efforçait de conjurer en se lançant à corps perdu dans la relation amoureuse. Ce qu'il a fait dès les premiers entretiens. Ensuite le registre du fantasme, de l'imaginaire, du rêve, pour faire émerger les fantasmes inconscients qu'il assouvissait à son insu et à l'insu de sa partenaire. Or dans le cas présent, ils étaient particulièrement angoissants : les parents n'ayant pas fait le deuil de leur premier enfant, il s'était trouvé pris à son insu dans une relation de type vampirique. Les deux morts vivaient de sa substance, ils vivaient de son sang. Compte tenu du processus de retournement inclus dans sa relation amoureuse, il reconduisait inévitablement ce fantasme dans sa relation sexuelle, à son profit cette fois : d'où sa demande, insatiable, et probablement aussi les réticences de sa partenaire embarquée dans des scénarios dont elle n'avait pas la moindre idée et où elle était en position de victime.

Quant à la seconde question, la voici : comment l'amour parvient-il à guérir des angoisses et des vécus originaires aussi denses et aussi lourds ? Car même s'il agit de façon sporadique, incomplète, il n'en reste pas moins que sur le moment l'amélioration est indubitable. La vérité, c'est qu'il s'agit d'une véritable catharsis. L'amour guérit en transformant l'affect, et plus particulièrement l'angoisse, qu'il métamorphose en plaisir et en jouissance. Cela veut dire qu'il n'y a pas de relation thérapeutique possible si l'on ne met pas en jeu cette dimension de l'être. Si la relation thérapeutique exclut *a priori* la relation sexuelle, c'est pour en réaliser l'équivalent dans la durée, autant qu'il le faudra pour écluser les angoisses initiales. Marcel n'aurait pas pu se dégager du processus de répétition dans lequel il avait tendance à s'enfermer avec sa partenaire s'il n'avait pas noué avec son thérapeute une relation d'intensité au moins égale, de nature homosexuelle cette fois, où il pouvait réinjecter plus facilement encore les fantasmes vampiriques dont il était habité. Cela suppose que le thérapeute se prête à une relation aussi forte, qu'il en accepte les risques et les sollicitations internes qui sont au moins aussi déplaisantes pour lui qu'elles devaient l'être pour la partenaire de Marcel, même vécues dans d'autres conditions. La thérapie navigue toujours entre deux rives également nécessaires, celle des représentations, des images, des interprétations d'une part, celle des affects, des angoisses et des excitations d'autre part. Selon le type de thérapie, elle a tendance à serrer de trop près l'une ou l'autre rive, avec les risques de naufrage qui s'ensuivent. La prise en compte de l'amour a surtout le mérite de nous rappeler que la rive des affects est au moins aussi vitale que celle des représentations, même si elle est souvent située dans l'ombre, et que c'est en regardant tantôt d'un côté et tantôt de l'autre qu'on a le plus de chances d'arriver à bon port.

Comme les stratégies thérapeutiques précédentes, l'amour en tant que tel s'apparente pour nous à une thérapie inachevée, à une thérapie en cours. Qu'il y ait blocage, inhibition, dysfonctionnement ou au contraire excès, addiction, il s'agit de faire en sorte qu'elle soit mise en rapport avec l'existence du sujet de façon à repérer comment elle s'y inscrit et à quelle attente elle répond exactement. C'est aussi une thérapie aveugle, agie, répétitive. C'est pourquoi il est essentiel que viennent au jour les fantasmes et les désirs qui s'y jouent et que ceux-ci se formulent de la façon la plus précise possible. Or il n'est pas question de demander à quelqu'un d'opérer ces ouvertures dans le cours de l'acte lui-même. C'est seulement dans cet autre lieu qu'est la thérapie, en s'appuyant sur des rêves, des pensées, des façons de se comporter, qu'il est possible d'y parvenir. Lorsque la vie sexuelle devient un simple passage à l'acte refoulant, elle est antithérapeutique. Lorqu'elle ouvre à d'autres expressions de l'inconscient, ce peut être le meilleur adjuvant qui soit.

10. *Quand le désir de guérir se concentre autour d'un désir d'enfant*

UNE THÉRAPIE QUI S'EMBALLE

La demande d'enfant émanant de couples stériles pose aujourd'hui l'un des problèmes les plus débattus au plan de la thérapeutique, suscitant les réactions du corps médical, des autorités morales et législatives [24]. Au cours de la période précédente, c'est la revendication sexuelle en tant que telle qui jouait le plus souvent ce rôle, et cela se comprend puisqu'on venait tout juste d'en découvrir toutes les composantes physiologiques et leur signification précise [25]. Cela donne à penser que la demande thérapeutique tend à profiter de tous les progrès de la science pour se faire entendre, et qu'elle invoque l'urgence dès qu'une voie d'évolution paraît s'ouvrir : c'est son jeu, mais il est parfois dangereux [26]. Car il est indispensable qu'on prenne le temps de l'entendre et de l'interpréter plutôt que de passer immédiatement à l'acte comme on le fait si souvent. Le progrès scientifique en tant que tel signale que la question est à l'ordre du jour, qu'elle arrive à maturité ; il ne signifie pas qu'on en ait compris toutes les implications humaines, sociologiques, historiques et inconscientes et, de ce fait, il pose toujours autant de questions qu'il n'en résout. Or c'est particulièrement évident pour la question de la procréation.

Pourquoi ? Parce que les femmes stériles souffrent avant tout d'un symptôme aussi vieux que le monde et qui n'a pas cessé de préoccuper l'humanité étant donné que sa signification dépasse de loin l'acte proprement dit. Dans la mentalité africaine, une femme n'est pas considérée comme telle tant qu'elle n'a pas procréé. Dans la Bible, tout doit être mis en œuvre pour guérir la stérilité ; pas seulement pour perpétuer la lignée comme on l'a souvent dit, mais parce que la femme qui demeure sans descendance signifie par là que Dieu l'a frappée et que par conséquent elle est fautive[27]. Dans le Nouveau Testament, l'histoire d'Élisabeth, la mère de Jean-Baptiste, est exemplaire à plus d'un titre : la guérison de sa stérilité signifie que le salut tant attendu est arrivé, c'est une anticipation de la guérison totale et définitive attendue par le peuple tout entier. Madame Lefebvre, la meurtrière dont parle Marie Bonaparte, manifeste un certain équilibre dès qu'elle est en mesure de procréer, ses difficultés reviennent en force à partir du moment où elle perd la possibilité d'enfanter, comme tant de femmes aujourd'hui lorsqu'elles sont confrontées à la ménopause. Et on a longtemps raconté que la première patiente de la *talking cure*, Anna O., aurait fait fuir son thérapeute en manifestant trop bruyamment son envie d'avoir un enfant[28].

Il sera question principalement des femmes, sans ignorer que les hommes sont autant concernés puisque la stérilité masculine est aussi à l'ordre du jour. Cependant les femmes concentrent plus souvent tous leurs problèmes autour de cet unique enjeu, pratiquant à son propos la stratégie de l'araignée dont il a été question précédemment, convaincues qu'une fois le symptôme levé elles seront guéries de tous leurs maux. Et c'est bien de là que vient toute la difficulté du problème. Car la stérilité n'est pas une véritable maladie. Elle n'atteint ni à l'intégrité de la personne ni à son bien-être immédiat. Pour s'y retrouver, les médecins et les moralistes sont obligés de se référer à des normes purement statistiques : entre tel âge et tel âge, et dans telles conditions de vie de couple, il est normal qu'on puisse avoir un enfant, donc on réservera la procréation médicalement assistée aux personnes qui sont dans ce cadre précis. C'est la seule façon d'éviter les risques inutiles et les débordements.

Pour nous, la stérilité psychogène signale plutôt une inhibition, un blocage, l'arrêt d'une fonction qui n'est pas vitale pour le sujet lui-même, surtout à notre époque où tant de femmes font tout pour être libérées des fardeaux de la maternité. Et pourtant, en même temps elle est ressentie comme la pire des maladies, comme une injustice irréparable, comme une atteinte mortelle qu'il faut pouvoir lever à tout prix. Tout cela en fait à nos yeux un authentique symptôme, manifestant comme tous les précédents que le sujet fait de la fécondité un moyen idéal pour accéder à la libération de ses angoisses fondamentales, tout en se servant de la stérilité pour refléter la façon dont il envisage inconsciemment le chemin vers la guérison. Tout le problème est de savoir pourquoi il a choisi cette voie et comment entendre sa demande sans négliger de travailler à partir des processus sous-jacents[29].

Faut-il faire une distinction entre la stérilité psychogène et les stérilités d'origine physiologique ? Il ne semble pas que ce soit ici nécessaire. Même là où les causes physiologiques sont évidentes, demandant des traitements appropriés, les facteurs psychogènes ne sont jamais à négliger.

COMMENT FAIRE ABOUTIR LA DEMANDE ?

Dans la plupart des cas qui sont pris en charge aujourd'hui, on se contente d'entendre la demande immédiate et d'y répondre au niveau corporel. C'est pourquoi le pourcentage de fécondations réussies reste aussi faible et aussi préoccupant ; c'est pourquoi aussi on ne sait plus très bien jusqu'où on peut aller. Lorsque le médecin fait état des progrès de la science et enferme dans une problématique uniquement somatique, l'inconscient est tenté de répondre par la surenchère. N'est-ce pas sa façon à lui de se défendre ? Le médecin, fort de son pouvoir, se laisse facilement prendre à ce jeu. En revanche, il est assez frappant de constater que les thérapies analytiques obtiennent d'assez bons résultats, en tout cas un pourcentage d'améliorations supérieur à celui dont font état les statistiques médicales. Une fois n'est pas coutume, et le fait vaut la peine d'être souligné. Cela signifie que l'on s'éviterait bien des mésaventures et des complications si l'on invitait les personnes souffrant d'une stérilité, quelle qu'elle soit, à une prise en charge double, somatique et psychique à la fois. Du moins chaque fois que les patients y sont disposés.

Si on situe ce symptôme par rapport à la séduction originaire, la première hypothèse qui vient à l'esprit est celle-ci : s'il y a stérilité, c'est parce que le sujet se trouve dans l'impossibilité de reconstituer une situation analogue à celle qui préside à ses propres origines. Pourquoi ? Parce qu'il cherche à l'éviter ou à s'en débarrasser à tout prix, suivant la logique meurtrière ou suicidaire dont j'ai parlé, à cette différence près qu'il remonte cette fois à la racine des choses. En réalité ce n'est pas aussi simple, et je n'ai rencontré qu'un seul cas de ce genre, au décours d'une analyse de psychose. La patiente en question n'était pas venue pour guérir une stérilité quelconque mais à la suite de plusieurs épisodes délirants qui renvoyaient à des séparations précoces demeurées invivables. C'est lors d'un moment fécond de son analyse, longue et laborieuse, qu'elle en est venue à évoquer son désir d'enfant et à s'apercevoir, la mort dans l'âme, qu'elle y avait réellement renoncé tant les traumas initiaux avaient été impensables. Dans la plupart des cas de stérilité auxquels nous avons affaire, c'est plutôt le contraire : les futures mamans sont convaincues qu'elles sont à même d'inverser les conditions de la séduction d'origine – heureuse et féconde illusion ! – et si elles souffrent de stérilité, c'est que le moi profite de ce désir particulièrement puissant pour lui mettre en travers quelque question ayant trait à l'enfantement et demeurée sans réponse.

Dans ce contexte, le sujet souffre de stérilité parce qu'il y a quelque chose qu'il ne peut pas voir, un élément traumatisant dont il n'a pas conscience. Je vais illustrer ceci en rapportant deux cas : le premier concerne une femme dont j'ai déjà parlé dans des travaux précédents, le second un homme que je n'ai jamais eu l'occasion d'évoquer dans un écrit.

Une jeune femme ne parvient pas à avoir d'enfant[30]. En réalité, elle a déjà été enceinte, mais cela s'est toujours terminé par un avortement. Il apparaît très vite qu'il ne s'agit pas toujours d'avortements spontanés : elle répète plutôt un scénario, toujours le même, qui la plonge dans le désespoir. Elle rencontre un homme qui lui plaît, elle est enceinte de lui, et elle constate quelque chose qui fait qu'elle ne pourra absolument pas demeurer avec lui, ce qui la conduit à avorter dans la pire des solitudes. Il s'avère bientôt que cela a commencé très tôt : le premier jeune homme qu'elle a connu est mort dans un accident de voiture et elle a avorté de l'enfant qu'elle attendait de lui. Tout s'est éclairé un jour où elle s'est rendue avec son père sur la tombe familiale et qu'elle a tout à coup constaté qu'il y était inscrit le nom d'une petite fille décédée en bas âge. Questionné, le père lui a appris que sa mère avait été mise enceinte par un officier allemand pendant la dernière guerre, que celui-ci avait été tué quelques mois plus tard et que la petite fille née de cette première union n'avait pratiquement pas vécu. Personne ne lui avait jamais caché cette histoire, d'autant qu'elle pouvait en lire la trace écrite chaque fois qu'elle se rendait au cimetière, et pourtant elle la rejouait dans son corps d'une manière catastrophique et destructrice. L'analyse lui a permis d'ouvrir enfin les yeux dans des conditions que j'ai longuement décrites, et elle a pu avoir un enfant.

Dans un cas de stérilité masculine, la configuration des problèmes de fond est assez semblable. Il s'agit d'un homme marié et père d'un enfant, en analyse pour d'autres problèmes, et qui se désole le moment venu parce que sa femme et lui ne parviennent pas à en avoir un second. Ils font donc les examens d'usage. Il s'avère que c'est lui qui est stérile, le spermogramme étant au plus bas, ce qui le stupéfie d'autant plus que la première fécondation datait de peu et s'était faite sans problèmes. Inutile de dire l'angoisse que soulève une telle nouvelle – angoisse de castration réveillant des vécus archaïques extrêmement perturbants. Je passe sur les détails puisque l'analyse de ce problème s'est faite sur deux ans, parallèlement à un suivi médical. Il en est surtout ressorti ceci : la stérilité du jeune père s'était manifestée alors que lui et son épouse cherchaient à avoir un second enfant ; or son père était un second enfant, né de père inconnu. Être père dans ces conditions, c'était jouer le rôle de ce grand-père dont il n'avait jamais été fait mention tout au long de sa jeunesse et de son enfance, et il a fallu à cet homme reprendre les effets de ce secret de famille soigneusement entretenu pour qu'il soit à nouveau fécond sans problèmes et devienne même par la suite père de famille nombreuse.

DU CONTENANT AU CONTENU

Si on résume la situation telle qu'elle se présente avec le recul de la réflexion et de l'expérience clinique, il ressort d'abord que la demande de guérison d'une stérilité est dans la plupart des cas un appel à la prise en compte d'une question originaire demeurée en souffrance et dont, à son insu, le patient fait un préalable. C'est comme s'il nous disait : « Je ne donnerai pas de petits-enfants à mes parents tant qu'ils ne m'auront pas dit comment ma mère a eu sa première petite fille », ou : « Je n'aurai pas de second enfant tant que mon père ne m'aura pas dit clairement ce qu'il sait de son propre père. » On assiste donc bien à un retournement/renversement des données de la séduction originaire du même type que celui que nous avons analysé à propos de la relation amoureuse. Je fais à l'autre ce qu'il m'a fait, ou plus exactement je lui renvoie ce qu'il ne m'a pas dit, de telle manière que j'en sois libéré. En réalité, c'est le partenaire actuel de la relation qui fait les frais de l'énigme originaire demeurée en souffrance et qui est en quelque sorte sommé d'y répondre. Or il est d'autant plus mal placé pour le faire qu'elle lui est posée par le biais d'un symptôme dont il est la victime, et que le message qu'on lui adresse est codé, chiffré, élaboré à travers un stratagème dont l'inconscient seul a le secret. C'est la raison pour laquelle la demande est répercutée vers un thérapeute : pour qu'il serve d'interprète et d'intermédiaire. Pour lui c'est l'occasion de mettre à profit et de préciser la distinction que nous avons vu s'amorcer au chapitre précédent entre le symptôme proprement dit et le message dont il est porteur, car c'est par là qu'il pourra jouer vraiment son rôle.

Le principal processus en cours ici renvoie en effet à un autre jeu métonymique fondamental : le renversement du contenu en contenant. Le contenant, c'est le symptôme proprement dit, la stérilité. Le contenu, c'est le message demeuré en souffrance et que le patient entend bien faire passer en profitant de ce désir de fécondation. Dans le cas présent, l'un ne va pas sans l'autre : le *contenant*, autrement dit le symptôme de stérilité, vise à mettre en place le cadre et l'axe dans lequel le message est à entendre, il sert à souligner qui sont l'envoyeur et le destinataire, et plus largement dans quel contexte ce message a un sens et doit être entendu. C'est un artifice pour réactualiser la chose et lui restituer toute la densité qui était la sienne au départ. Le *contenu*, c'est la question posée concernant tel ou tel événement des origines ; il vise à renvoyer à l'autre l'effet d'un trauma initial et à le réinsérer dans la relation de telle façon qu'il puisse y prendre sens d'une manière durable et solide. Le contenant n'est pas sans rapport avec l'enfantement et la séduction qu'il entraîne, cependant il ne nous dit rien sur certains effets précis de la séduction que le sujet essaie de ramener au grand jour pour s'en libérer. Le contenu nous livre ces effets précis, mais il ne serait pas d'une grande utilité s'il n'était pas restitué dans le contexte dramatique en question. D'une certaine façon, le rapport contenant/contenu recouvre le rapport affect vécu/représentation dont il a été question précédemment, à ceci près que l'affect vécu ici conditionne effectivement la compréhension du message.

UN SYMPTÔME À L'IMAGE DU PROCESSUS QUI LE SOUS-TEND

Il y a plus encore, car la complexité du rapport contenant/contenu dont il vient d'être question est à l'image de ce à quoi doit conduire la guérison espérée : un contenant maternel engendrant un contenu enfant. Tout se passe comme s'il fallait jouer au plan psychique et autour d'une question précise ce qui va se réaliser au plan physique et humain par la suite. Le problème sous-jacent à la stérilité est lui-même l'expression d'une certaine stérilité : *il s'agit donc de rétablir une fécondité psychique, ou plus exactement d'accoucher d'un message refoulé pour ouvrir la voie à une fécondité physique et à l'accouchement d'un enfant.* Ce qui tend à prouver que les actes humains les plus fondamentaux sont sous-tendus par des processus psychiques dont ils ne sont bien souvent que la conséquence et l'expression manifeste.

On perçoit combien les manipulations peuvent être dommageables, court-circuitant des cheminements psychiques extrêmement diversifiés que la psyché met en avant pour des raisons éminemment respectables.

Pourquoi ce message arrive-t-il sous cette forme paradoxale et en ce moment particulièrement crucial, au lieu de se manifester en d'autres occasions plus tranquilles ? En raison de ses diverses analogies avec l'acte lui-même ? Probablement, en partie. C'est aussi parce qu'il met en jeu une question fondamentale, la transmission entre les générations. Avant de pouvoir enfanter, autrement dit avant de pouvoir exercer une capacité reçue des générations précédentes et d'entrer dans un système de transmission qui le dépasse, le sujet est comme saisi par une demande d'éclaircissements touchant à la façon dont ses ascendants ont eux-mêmes enfanté. C'est comme si en héritant d'eux cette prérogative, il en avait aussi reçu certains parasitages dont ils étaient à leur insu l'origine, et qu'il voulait en avoir le cœur net. Or il est d'autant plus important de prendre cette demande au sérieux qu'elle risque de se reposer pour les générations suivantes, et d'une manière d'autant plus complexe qu'on s'éloignera des problèmes initiaux. En un mot, la demande de guérison n'est pas autre chose qu'une demande pour alléger autant que faire se peut le poids de la séduction, des énigmes en provenance des générations précédentes.

Alors qu'en bien des cas le passage à l'acte s'impose pour dire la chose sans avoir à l'exprimer vraiment, ici au contraire il s'avère impossible tant qu'on ne sera pas en état de dire et d'exprimer le message en suspens. Si le désir de procréation prend une telle importance, s'il est aussi impératif, c'est parce qu'il met en scène un processus de transmission particulièrement fréquent et agissant dans notre vie psychique. J'ai déjà eu l'occasion de le souligner à diverses reprises[31], l'articulation contenu/contenant, acte/message et le renversement du contenant au contenu est un processus auquel le thérapeute a souvent affaire. En apprenant à décoder ce qui se passe dans les questions de stérilité et en faisant face à des problèmes de ce type, il se prépare à saisir un fonctionnement qui est en jeu en beaucoup d'autres symptômes, surtout là où il s'agit de problèmes circulant de générations en générations. On comprend mieux pourquoi la guérison d'une stérilité constitue si souvent dans la Bible le premier acte d'un processus de salut : c'est en effet une guérison typique et exemplaire, du moins lorsqu'elle s'accomplit en respectant la dimension psychique du phénomène. Non seulement elle signifie que quelque chose a pu être entendu, mais elle ouvre la voie à une écoute approfondie dont l'enfant à venir sera le premier bénéficiaire.

Avec cette mise en avant du désir d'enfanter, nous arrivons au terme de ce que j'ai appelé les stratégies du moi. Celle-ci est à tout prendre la mieux réussie et en tout cas l'une des plus exemplaires, du moins là où on sait la comprendre et la mener à terme. Comme pour toutes les stratégies précédentes, il y aurait encore beaucoup à dire pour prendre en compte les multiples modalités et les équivalences de cette stratégie, mais la première tâche qui nous incombe est de les mettre en place et de les situer. Car elles sont toujours à envisager dans un ensemble allant du désir de mort le plus immédiat au désir de vivre et de donner la vie de la façon la plus directe. Le moi n'est pas seulement le garant et le témoin de la survie de l'individu, il est aussi sans le savoir attaché à la survie de l'espèce, et il n'est pas d'abord préoccupé de la survie physique, il l'est beaucoup plus qu'il n'y paraît de la survie psychique, de la lignée comme de l'individu. Ceci dit, il n'est pas seul en lice, nous allons le constater ; il est souvent abusé par des instances qui lui échappent ou par des interventions extérieures qui transforment ses entreprises en faillites. Dans ce cas, le thérapeute ne peut simplement se poser en gérant de faillite ou en réparateur des dommages, il lui faut surtout restaurer l'entreprise et lui donner les moyens de parvenir à ses fins, ce qui ne peut se faire qu'en écoutant au cas par cas et en remettant en route les processus bloqués aux différents niveaux où ils peuvent prendre sens.

CHAPITRE III

Les tactiques idéales

11. Il faut croire pour guérir

RAPPELS HISTORIQUES

L'une des convictions les plus répandues aujourd'hui en matière de soins, y compris dans les milieux les plus scientistes, consiste à penser qu'il n'y a pas de thérapie possible si l'on n'y croit pas d'une façon ou d'une autre. Même si elle est formulée sous des modes différents selon les lieux et les moments, l'affirmation est la même et elle est de moins en moins contestée. Chacun sent confusément que rien n'est possible en matière de santé ou d'évolution personnelle tant que l'intéressé n'est pas intimement convaincu du bien-fondé des démarches entreprises. Cela se vérifie d'autant plus qu'on a affaire à un « traitement psychique ». Même si elle ne suffit pas – et nous verrons pourquoi – cette adhésion paraît toujours *nécessaire,* et bien des thérapies échouent du simple fait que le patient « n'y croit pas ». Les saints Thomas abondent dans l'expérience clinique, et il ne suffit pas qu'on les autorise au toucher pour que les choses s'arrangent !

La différence entre les traitements psychologiques et le traitement médical est très significative. Les médecins insistent sur la nécessité de provoquer l'adhésion du malade, mais ils fondent avant tout leur pratique sur des critères objectifs : en cas de nécessité, ils sont justifiés à passer outre cette confiance en se fondant sur leur savoir et leur expérience. Il n'en est pas de même pour le traitement psychologique, qui dépend plus étroitement de l'adhésion du malade, que nous avons d'abord formulée en termes de demande et de désir, et qui bien sûr va bien au-delà. C'est la limite et la grandeur de ce type de thérapie : on peut certes la proposer, on ne peut jamais l'imposer. C'est une limite dans la mesure où bien des gens s'en trouvent *ipso facto* exclus. C'est leur grandeur aussi, puisqu'elles posent la question du mystère et du cheminement propre à chacun, qu'on peut aider, accompagner, provoquer, mais jamais supplanter.

Sur ce point au moins, le traitement psychique se rattache à l'usage des médecines traditionnelles ou d'inspiration religieuse. Cette conviction a une longue histoire qui remonte jusqu'aux religions primitives. Je me limiterai à rappeler l'essentiel en partant du christianisme qui a beaucoup théorisé le problème de la foi, et qui en a explicité les caractéristiques essentielles. On verra qu'elles sont encore à l'ordre du jour.

La foi et la vertu curative de la foi tiennent au *sujet* lui-même ; on connaît la fameuse phrase de l'Évangile : « Ta foi t'a sauvé. » Elle fait du sauveur ou du thérapeute un simple référent. Selon cette vision des choses, solidement enracinée, ce n'est donc pas le thérapeute qui sauve ou qui guérit mais la foi du patient. Cette affirmation première s'est bien souvent enlisée par la suite dans des considérations dogmatiques ou religieuses, mais ce n'est pas une raison pour la négliger.

Cette capacité n'est pas donnée à tout le monde : *on l'a ou on ne l'a pas.* On connaît cette autre formule : « Heureux celui qui a cru. » C'est un point qui a donné lieu à de fameuses querelles théologiques, en particulier à la suite des prises de position de saint Augustin. Y aurait-il d'un côté les prédestinés, ceux qui ont reçu le don de la foi, et d'un autre côté ceux qui ne l'ont pas reçu ? Dans la tradition scolastique, la foi est une « vertu théologale » comme les autres, c'est-à-dire un don de Dieu, et on connaît l'admirable réponse de Jeanne d'Arc à qui ses juges demandaient si elle était dans cet état de grâce : « Si j'y suis, Dieu m'y garde, si n'y suis pas, Dieu m'y mette. »

Cette aptitude à croire n'est pas non plus prévisible : elle se manifeste parfois inopinément chez des personnes qui n'y semblaient pas spécialement disposées. Dans un moment de crise, à un tournant de l'existence. On dit de quelqu'un qu'il a été « touché par la foi ». C'est l'histoire de la conversion de saint Paul, tant de fois illustrée dans l'iconographie occidentale. Plus près de nous, on invoque souvent cette caractéristique à propos des « miraculés » de Lourdes. Ceux qui sont guéris n'étaient pas nécessairement des croyants convaincus, du moins consciemment.

L'irruption de la foi n'a pas seulement pour effet la guérison, qui n'est le plus souvent qu'un signe, un épiphénomène attestant sa présence ; elle équivaut à une *véritable conversion,* qui correspond profondément à un renversement du symptôme et à un bouleversement dans l'existence. J'ai déjà eu l'occasion de développer ce point en comparant la conversion hystérique et la conversion de saint Paul[1]. Il ressort de telles expériences que la foi est un facteur de changement psychique considérable, au même titre que l'amour ou le désir. Notons toutefois que dans la religion ou dans les médecines traditionnelles, elle suppose la présence d'une communauté de croyants.

Jusqu'au début du XIXe siècle, le clivage entre les thérapies psychologiques, qui sont toutes d'inspiration religieuse, et les thérapies médicales est tel que les thérapeutes laïcs abandonnent complètement aux religieux le problème de la foi ou de la croyance. Cette attitude commence à changer avec l'introduction de l'hypnose, et dans la médecine « aliéniste » avec l'introduction du « traitement moral » en France que Pussin [2], puis Pinel préconisent aux environs de la période révolutionnaire. Tout est mis en œuvre pour susciter la confiance du patient et réveiller sa foi en l'existence et en la vie. En Angleterre, en 1872, un certain Hacke Tuke reprend le terme de *faith healing* pour rendre compte des guérisons inexpliquées obtenues dans le cadre de l'action philanthropique et médicale [3], et Charcot s'en saisit lorsqu'il publie en 1892 le fameux opuscule intitulé *La Foi qui guérit*. Pour la première fois on en arrive à reconnaître que la guérison peut être due à la foi du patient, que Charcot attribue bien sûr à une suggestibilité essentiellement de nature hystérique. On est encore loin de considérer qu'il faut croire pour guérir, mais on admet au moins que certaines guérisons s'obtiennent grâce à la foi du patient [4].

Freud a été très impressionné par les travaux de Charcot, sur ce point comme sur d'autres, et l'un de ses tout premiers articles, « Le traitement psychique » (1890), en est le témoignage. J'ai déjà eu l'occasion de montrer qu'il a fait ensuite peu à peu machine arrière, considérant que « la foi appartient au moi conscient » et qu'il s'agit d'un facteur négligeable pour la psychanalyse [5]. Pourtant, il lui aurait suffi de se référer aux traditions religieuses pour constater qu'elle a toujours été considérée comme un phénomène inaccessible en soi, fondamentalement subjectif et imprévisible, ce qui la situe depuis toujours dans la sphère inconsciente. Les psychanalystes ultérieurs ont heureusement ouvert à nouveau la question, notamment Michael Balint quand il souligne que le médecin soigne avec sa propre personne, et plus récemment Rosolato et Gagey, qui ont l'un et l'autre situé la foi comme un facteur essentiel dans la dynamique inconsciente. Quant aux médecins, le phénomène placebo les rend aujourd'hui beaucoup plus sensibles à ce genre de question.

LA FOI « LAÏQUE » ET SES ORIGINES

Il n'est pas question d'expliquer un phénomène aussi complexe et aussi insaisissable que la foi, fût-elle « laïque » : on peut toutefois approcher d'aussi près que possible ses origines et envisager comment il évolue avec le temps. J'ai souligné précédemment que la séduction originaire éveillait chez l'enfant une réaction de violence, un désir de maîtrise dont nous avons envisagé les différentes issues : désir de tuer l'autre, de se détruire, de fixer l'impact séducteur, de le renverser et de le métaboliser dans la relation à l'autre, etc. Toutes ces réactions sont issues du moi et fondées à la fois sur la haine et l'amour. Ce qu'il faut ajouter maintenant, c'est que *la séduction éveille aussi et en même temps un désir de voir, de savoir, de connaître la vérité, qui va suivre un développement parallèle, intriqué au précédent, mais qui garde toujours sa signification et son efficacité propre.* Ce désir repose sur l'idée que lorsque nous connaîtrons le secret de ce qui s'est passé, nous guérirons de tous les maux qui en ont résulté, nous pourrons nous en défaire et transformer le mal en bien. C'est une idée utopique, bien sûr ; elle a beaucoup motivé Freud à ses débuts, mais elle n'est pas totalement dénuée de fondements.

Cette conviction est en effet inscrite dans la logique du symptôme telle que nous l'avons décryptée dans nos derniers développements. Il en est résulté que celui-ci inclut toujours un ou plusieurs fantasmes, et que par leur intermédiaire il transmet aussi des messages témoignant indirectement de l'idée qu'on se fait de la séduction. Qui dit message dit expression d'une vérité, et si l'autre parvient à l'entendre, à le décoder et à le renvoyer, il devient aussi possible au sujet de le faire sien. C'est l'origine de l'interprétation, qui n'est efficace que dans la mesure où on y croit. Car croire, ce n'est pas seulement adhérer à la vérité au sens abstrait, global ; c'est adhérer à un message dont on est inconsciemment l'auteur. *La foi serait donc l'adhésion du sujet à la vérité d'un message inconscient éclairant tel ou tel aspect de la séduction originaire dans son impact actuel.* Dès l'instant où, le message ayant été délivré, on adhère à cette vérité, il s'ensuit un processus de guérison. Je rappelle qu'en faisant reposer toute l'efficacité du travail analytique sur l'interprétation, Freud s'est inscrit d'emblée dans cette perspective, même s'il n'en a pas mesuré tout de suite la signification.

Car les choses se compliquent considérablement du simple fait qu'on ne peut jamais vraiment sortir du contexte de séduction initial. Le message que porte l'inconscient à travers le symptôme ne prend sens que s'il est revécu dans un climat relationnel analogue et renvoyé par l'autre. Cependant l'autre ne peut pas faire autrement que séduire : il renvoie toujours le message en y mettant « son grain de sel », sa façon de voir, ses problèmes – autrement dit en redoublant la séduction initiale d'autres traumas dont le sujet se serait bien passé. Ce qui fait que celui qui est le partenaire, le témoin ou le garant de la foi, est aussi celui qui risque le plus d'en compromettre l'expression première.

Dès lors, deux voies sont possibles. Dans la première le sujet s'est mis dans une position masochiste en raison de l'évolution que nous avons décrite précédemment, auquel cas il adhérera au message qui lui est renvoyé, même profondément modifié par l'autre. Dans une certaine mesure, il le sent, il le sait, pourtant il n'a pas les moyens de faire autrement, ce qui nourrit aussi en lui une sourde réactivité. *S'il en est ainsi, on n'est pas véritablement dans la foi mais dans la croyance ou dans la non-croyance avec ses avantages et ses inconvénients.* Ses avantages, car il est certain que l'adhésion au message, même tronqué, provoque toujours une amélioration, fût-elle passagère ; ses inconvénients, car elle renforce la sujétion à l'autre et rend le message inconscient de plus en plus complexe. Nous reviendrons plus longuement sur cette évolution.

Dans l'autre cas de figure, celui auquel tend la psychanalyse, le sujet est invité à s'appuyer sur son désir premier, originaire, et à relativiser l'interprétation qui lui est proposée jusqu'à ce que s'élabore une construction qui lui convienne. À l'inverse, l'analyste s'efforce de ne proposer d'interprétation qu'à partir de ce qui lui est dit inconsciemment par le sujet lui-même et en faisant régulièrement la part entre ce que l'analysant lui dit, en se fiant à telle ou telle personne qui l'a beaucoup influencé, et ce qu'il énonce à son insu réellement. L'interprétation « vraie » est le fruit de mises au point successives et qui ne s'imposent qu'avec le temps.

COMMENT LA FOI PEUT-ELLE SAUVER ?

La foi, c'est la conviction de la vérité, la conviction que la vérité libère, sauve et délivre, et d'abord la vérité de ma propre origine, de ma propre histoire, que je suis le seul à avoir perçue et ressentie. De ce point de vue, c'est donc l'inverse de la croyance, même si celle-ci obtient souvent dans un premier temps les mêmes effets. C'est une potentialité spécifiquement humaine, typique de notre fonctionnement inconscient, et il faut surtout se demander pourquoi et comment elle a des effets thérapeutiques.

Ce qui rend traumatisantes les séductions adultes et les messages qu'elles représentent pour l'enfant, c'est qu'elles lui tombent dessus, qu'elles le surprennent et le dépassent sans qu'il puisse rien y faire sur le moment. *L'effet surprise, l'énigme, est certainement parmi les plus traumatisants* : il existe toujours, mais il prend parfois des proportions telles qu'il empêche l'enfant de se construire une identité propre, de se relier aux générations précédentes, ou de se situer dans l'environnement où il est. Auquel cas on voit émerger très tôt des symptômes qui sont de véritables interrogations pour tenter d'éclaircir sa situation, et on a la surprise de constater que les choses s'améliorent dès qu'on parvient à y répondre dans les termes qui conviennent.

C'est pourquoi dès que l'on joue sur le facteur surprise, énigme – mais à l'envers, dans le sens de la révélation, de l'éclaircissement –, on obtient des effets étonnants. De là à penser que lorsqu'on y aura totalement réussi, tout sera résolu, il n'y a pas loin et l'enfant nourrit probablement de telles pensées, compte tenu de la toute-puissance qu'il s'imagine et prête aussi à ses plus proches. La foi correspond au point de départ à ce type de conviction délirante. Il est l'origine de la plupart des symptômes infantiles. Les parents les vivent souvent comme des interrogations, des provocations, ce en quoi ils n'ont pas tout à fait tort : l'enfant les met au pied du mur, leur envoie des énigmes, des messages qui diminuent ou disparaissent lorsqu'ils sont entendus. Dans la plupart des cas, cependant, ils sollicitent plutôt sa croyance en lui proposant des remèdes tout faits et qui les dispensent d'entendre en retour.

Cette conviction délirante naît donc dans le contexte familial et elle se heurte par la suite, comme toutes les convictions analogues, à la désillusion qui succède à l'Œdipe, lorsque nous prenons la mesure des possibilités réelles de ceux qui nous entourent. Lui succède alors ce que Gagey appelle « la conviction du vrai » qui persiste au-delà des personnes et des conditions privilégiées d'origine : c'est une exigence intérieure qui nous pousse à n'adhérer qu'aux interprétations vraiment conformes à ce que nous croyons à notre insu. C'est cette conviction que nous retrouvons dans le processus thérapeutique. Dès que nous avons le sentiment qu'une thérapie est « vraie » par un côté ou par un autre, elle produit des effets de soulagement immédiat. Pourtant, ceux-ci ne se concrétisent vraiment que lorsque cette vérité a été traduite en mots et comprise réellement. Lorsqu'il s'est avéré aussi que c'est toujours une vérité partielle, passagère, fragmentaire et que nous sommes destinés à ne jamais la saisir que par bribes successives, l'essentiel demeurant inconscient.

J'ai dit que Freud avait misé sans le savoir sur cette potentialité initiale. Lacan a fait un premier travail d'éclaircissement important lorsqu'il a introduit la notion de vérité en psychanalyse et souligné sa position centrale. « Dans le chemin de tromperie où le sujet s'aventure, écrit-il, l'analyste est en posture de formuler ce *tu dis la vérité* et notre interprétation n'a jamais de sens que dans cette dimension [6]. » Il reprend cette notion de la philosophie de Heiddeger, où elle a pris une signification très précise [7], pour la transposer dans le cas très particulier de l'énonciation inconsciente où je ne peux entendre la vérité qu'à la condition de la parler et qu'elle me soit renvoyée par l'autre. En revanche, on ne trouve pas chez lui la théorisation de la « vertu » qui permet d'adhérer à cette vérité avec une force telle que des effets de guérison s'ensuivent. Il ne tient pas compte davantage de la situation de séduction où celle-ci se trouve inévitablement embarquée. On sait les inconvénients qui en ont résulté par la suite.

QUAND LA FOI FAIT DÉFAUT

L'un des problèmes majeurs auxquels est confronté tout thérapeute est donc de savoir comment réveiller la foi, ou comment la susciter. Freud estime qu'un manque de foi affirmé n'est pas un véritable obstacle : combien d'incrédules sont en réalité des gens d'une foi inconsciente exigeante, qui ne veut pas tergiverser, et à juste raison ? Toutefois, on rencontre souvent des patients qui malgré les apparences demeurent fondamentalement incrédules, ce qui les prive des résultats escomptés.

Cette incrédulité fondamentale ne tient pas d'abord au sujet lui-même : tout être humain éveillé à la vie psychique est aussi par définition un être humain éveillé au désir de voir et de saisir ce qui lui est arrivé – sur ce point Françoise Dolto a une opinion tout à fait éclairante. Certes, elle la profère à partir de sa foi chrétienne, mais cela n'enlève rien à sa portée psychanalytique : nous sommes tous plus ou moins des croyants qui s'ignorent, et lorsque la foi « laïque » fait défaut, c'est d'abord à l'adulte ou au thérapeute de s'interroger. Jean Laplanche va d'ailleurs dans la même direction quand il utilise le terme d'énigme pour désigner l'aspect indéchiffré du message originaire : il ne parle pas de mystère, donnant par là à entendre que l'inconscient est à même de le déchiffrer et d'en tirer sa force, même s'il se heurte à d'innombrables obstacles, y compris en lui-même, et si cela demeure un mystère pour tout le monde.

L'obstacle majeur à l'adhésion de foi c'est que l'autre par qui l'on peut croire, l'autre partenaire de la séduction, sur qui il faut s'appuyer pour avancer dans la compréhension de ce qui est arrivé, ne peut jouer ce rôle que s'il est à la fois le séducteur et celui qui ne l'est plus, celui qui s'impose et celui qui disparaît. Un « être pour la mort », dit Lacan. L'idée est vieille comme le monde et elle est exprimée dans tous les écrits concernant la foi. Tant qu'il est trop présent, il ne fait que relancer la séduction. Il faut donc qu'il meure en tant que séducteur, autrement dit qu'il s'expose pour de bon à la visée mortifère originaire lorsqu'elle se manifeste aux grands moments de maturation : dans la petite enfance, au moment de l'Œdipe, et surtout à l'adolescence, etc. Le séducteur qui permet aussi l'expression de la foi est un séducteur qui, comme le Christ et la plupart des grandes figures de Salut dans l'histoire, a accepté de mourir puis de ressusciter.

Dans le concret de la relation thérapeutique, cela éclaire un peu plus pourquoi le thérapeute doit occuper la place du mort comme énoncé précédemment, et d'un mort qui transcende la mort, qui la surmonte. Dans les thérapies d'adolescents, on fait régulièrement cette expérience : il faut assumer parfois pendant de longues semaines une violence aveugle et destructrice, avant de pouvoir énoncer quoi que ce soit de ce qu'on a compris. Comme s'il fallait être mort comme séducteur pour devenir le témoin du message inconscient et pouvoir le renvoyer à chacun dans sa teneur originelle. C'est en ce sens-là que l'analysant doit « tuer l'autre pour guérir », pour accéder à une relation de foi où il est conduit à se fier à sa propre vision des choses par-dessus toutes les autres. C'est en ce sens-là aussi que les docètes et les musulmans passent à côté d'une vérité psychique importante quand ils refusent que le Sauveur soit véritablement mort. Probablement veulent-ils exorciser le poids de la souffrance doloriste qui pèse si lourd dans la tradition occidentale, et sur ce point ils ont sans doute raison. Mais ils risquent d'oublier que tant qu'on ne tue pas l'autre séducteur d'une façon ou d'une autre, on reste toujours plus ou moins dans la croyance.

Soulignons pour terminer que la foi ainsi envisagée ne renvoie d'abord ni à l'autre ni à soi-même : elle conduit le sujet hors de soi, elle l'oblige constamment à se décentrer tout en s'appuyant sur lui-même. On insiste souvent aujourd'hui pour que chacun acquière de lui-même une bonne image, trouve sa place au milieu des autres. On dit qu'il faut qu'il ait confiance en lui, en ses potentialités. *Restaurer la foi laïque, c'est surtout rendre au sujet la conviction qu'il peut s'appuyer sur la recherche de la vérité pour exister, que cette vérité existe pour lui comme pour les autres et qu'il lui appartient de la reconnaître, d'y adhérer et d'en témoigner.*

12. Quand la croyance l'emporte

UN PHÉNOMÈNE CONSTANT

La plupart des thérapies psychiques, quelles qu'elles soient, reposent en grande partie sur des croyances : on croit en la vertu de la parole, du sommeil, du rêve, du massage, de la relaxation, de tel spécialiste renommé, de telle façon d'agir. On sait combien toute thérapie nouvelle suscite immédiatement de nouveaux intérêts du simple fait que celui qui la lance s'appuie consciemment ou non sur les idées qui sont dans l'air du temps. La vague écologiste actuelle a entraîné dans son sillage bon nombre de thérapies dites « naturelles », qui mobilisent aujourd'hui énormément de gens.

Freud a eu l'ambition clairement affirmée de faire en sorte que la psychanalyse soit débarrassée de toute forme de croyance, et qu'à ce titre elle ne soit ni une conception de l'existence, ni une idéologie, ni une philosophie ou une sagesse, nous l'avons vu. Lacan a porté cette exigence à son extrême en affirmant que la psychanalyse ne pouvait en aucun cas être une recherche de sens[8]. Mais une pareille ambition constitue à elle seule une exigence qui réclame l'adhésion, et donc une certaine forme de croyance. Sans compter que toutes les autres conditions requises pour pratiquer l'analyse ne sont pas seulement des artefacts passagers et correspondent à une façon d'envisager l'homme. Ce qui veut dire que la psychanalyse elle-même requiert une certaine croyance, surtout dans un premier temps. Et même une fois passé le moment de la rencontre et de l'initiation, on constate que la plupart de ceux qui sont passés par l'analyse ou qui en reconnaissent le bien-fondé partagent un certain nombre de valeurs et de références qui inévitablement « font croyance ».

Il n'en reste pas moins que la psychanalyse en tant que telle ne survit que dans la mesure où elle reste capable de remettre constamment en question cet aspect des choses, et l'écoute de l'inconscient vise à provoquer ce résultat. C'est en ce sens que ceux qui la contestent lui apportent un concours inestimable, y compris dans la cure. On a vu des gens faire une analyse et en tirer profit sans se sentir obligés de « croire en l'analyse ». C'est arrivé plus d'une fois dans l'histoire, et c'est plutôt bon signe. Ils sont parvenus à faire passer leur propre foi inconsciente avant toute autre forme de croyance quelle qu'elle soit, et ce n'est déjà pas si mal.

Le symptôme n'est pas seulement une création inconsciente du patient lui-même, c'est aussi la résultante d'une croyance. Il vient en effet en réponse à la séduction, réponse élaborée en tenant compte des valeurs, des façons de voir de l'interlocuteur, c'est-à-dire en s'inscrivant dans ses idéaux. Quelle meilleure tactique en effet pour se faire entendre, que d'utiliser la langue de celui à qui on s'adresse ? Cela prend parfois des proportions étonnantes puisque certains symptômes ne sont pas autre chose que la survivance à notre insu de croyances ancestrales abandonnées depuis longtemps et qui s'imposent à nous dans certaines circonstances. Pour ne citer qu'un exemple : on ne célèbre plus guère aujourd'hui les anniversaires de deuils. Que de fois on constate que notre inconscient s'en charge, provoquant telle éruption, telle angoisse dépressive, aux dates exactes où des êtres chers ont disparu !

En même temps, si le symptôme attire notre attention et mobilise une relation thérapeutique, c'est dans la mesure où il témoigne aussi d'une véritable souffrance, autrement dit d'un vécu pénible signalant qu'une violence est à l'œuvre. Il est bien difficile de prendre en compte un symptôme tant qu'il n'y a pas souffrance et que celle-ci n'atteint pas un certain degré. Or cette souffrance est le témoin direct de la présence et des effets de la croyance qui sont à l'origine du symptôme.

Voyons cela d'un peu plus près. Nous avons constaté que la croyance provient de ce que le sujet adhère au message transformé par les modifications et les distorsions qui tiennent à l'interlocuteur au lieu de croire au contenu qu'il tentait de lui faire parvenir. Il est des moments où il n'a pas le choix : l'être humain se trouve à l'origine de la vie dans un tel état de dépendance qu'il est prêt à croire n'importe quoi pourvu qu'on s'occupe de lui et qu'on lui donne le nécessaire à sa survie. Nous sommes complices de cette situation quand nous estimons que la mère, et plus généralement les parents, sont de loin les mieux placés pour s'occuper de leur enfant, même si nous constatons telle ou telle déficience.

En réalité, l'enfant n'est pas aussi démuni qu'on pourrait l'imaginer, surtout si l'on tient compte de la précocité de certains symptômes. Ceux-ci ne signifient pas seulement que tel élément de la séduction originaire a été mal reçu ; ils témoignent plus précisément d'une distorsion entre ce qu'on lui demande de croire et ce qu'il croit plus ou moins confusément. Quand une mère cherche à retrouver en son enfant un autre enfant disparu, quand elle lui donne la place d'un mari absent, quand elle projette sur lui l'image d'un amour qui lui a échappé, l'enfant réagit par un symptôme, signe qu'il ressent un décalage intolérable entre ce qu'elle met en lui et ce qu'il voit de lui.

Qu'est-ce que cela veut dire ? Que la souffrance psychique est avant tout le signe d'un forçage, d'une violence, et qu'elle signifie en même temps la foi et la croyance de l'enfant. La croyance, car s'il souffre c'est qu'il ne parvient pas à récuser les images parasites que lui envoie l'adulte à son insu dont il se fait complice pour le toucher, et qu'il a besoin de continuer à lui faire confiance envers et contre tout. La foi, car il ne souffrirait pas s'il n'était pas intimement convaincu d'être autre chose, d'être en attente et en devenir d'autre chose dont il n'a pas encore une idée claire mais qu'il ne retrouve pas dans le message qui lui est renvoyé. La levée du symptôme et la disparition de la souffrance passent donc par un déplacement progressif de la croyance en foi, ce qui suppose la foi d'un tiers en sa propre capacité à croire.

Ce tiers joue un rôle fondamental dans l'éclosion de la foi du sujet et dans le combat contre les croyances nocives et destructrices. Il est rare qu'une personne de la famille ou de la société même du sujet puisse en tenir la place, dans la mesure où elle est solidaire du système de croyances constituant le groupe. D'où la nécessité d'une personne qui incarne un ailleurs, un autre, l'étranger, tout en connaissant bien les croyances ancestrales. La relation thérapeutique est essentiellement faite pour incarner ce type de relation.

QUAND LA DOULEUR S'EN MÊLE

Le problème se complique souvent du fait que la souffrance ne peut pas être entendue si elle ne se transforme pas en douleur. Je ne reviens pas sur le livre de Nasio dont il a été question précédemment. Je ne reviens pas non plus sur cette distinction que j'ai déjà présentée, j'en viens plutôt à l'une de ses conséquences. On dit par exemple que l'enfant autiste est en état de souffrance, mais qu'il ne manifeste pas de douleur. Qu'est-ce que cela signifie ? Dans bien des cas, on observe qu'il est pris dans un certain nombre de contradictions dues aux modifications entraînées par les adultes, mais qu'il ne peut signifier à l'autre le dommage qui en résulte pour lui. *La douleur, c'est un affect, un ressenti qu'on s'inflige pour l'adresser à l'autre en fonction d'un système d'identification réciproque.* C'est grâce à la douleur que l'enfant peut toucher l'autre et lui signifier le tort que lui cause une croyance à laquelle il ne peut échapper. La douleur est donc partie prenante de la relation thérapeutique, elle constitue une tactique idéale pour s'adresser à lui, le mettre dans le coup, et l'amener à intervenir d'une manière adéquate.

Voici un rêve tiré de l'analyse d'une femme qui a fait une grave bouffée délirante, avec des passages à l'acte dangereux. Il s'agit d'une certaine Madame Irène, qui est l'aînée d'une fratrie de six enfants : « Je me revois dans la chambre que j'ai occupée avec mes nombreux frères et sœurs. Je suis frappée de ce que nos petits lits arrivent à ma hauteur, comme lorsque j'étais encore petite. Mon frère André, le quatrième, pointe un revolver vers moi et il m'envoie une balle qui m'atteint en plein dans la rate. Je ressens très nettement l'impact de la balle, une chaleur irradie à partir de là et je meurs. » Elle insiste beaucoup sur la douleur intense qu'elle a ressentie dans le rêve et qui l'a réveillée. Ce rêve est d'autant plus important qu'à partir de l'âge de deux ans Madame Irène a vu sa mère enfanter cinq enfants coup sur coup, qu'elle ne se souvient d'aucune de ces grossesses, et encore moins d'avoir éprouvé le moindre mouvement de violence à l'égard de ses trop nombreux frères et sœurs.

Que signifie le rêve ? Madame Irène associe le terme « rate » à sa mère – « lapine », « rate », « pleine de petits ». Suit une série d'invectives associées à ce terme : « fait comme un rat », « face de rat », etc. C'est elle qui a moult fois souhaité envoyer une balle « dans la rate » aux périodes où sa mère était « pleine », et elle se sert du frère « du milieu » – du milieu des cinq autres – pour figurer ce désir. Ce désir l'atteint, elle, ou plus exactement il atteint sa mère en elle. Elle peut signifier enfin par l'entremise d'une douleur vive et intense ce qu'elle a ressenti et qu'elle n'a jamais pu exprimer, parce qu'il fallait croire sa maman lorsqu'elle disait que c'était merveilleux d'avoir autant de frères et sœurs et que son rôle était de les protéger. Alors que tout le discours et le comportement de Madame Irène dit aujourd'hui encore qu'elle se voyait faite pour être unique, et que tout le malheur de ses parents est venu de ce qu'ils n'ont pas su espacer les naissances. Ce qui d'ailleurs est probablement exact. Entre sa foi et la croyance de sa mère, elle a opté pour la croyance et c'est seulement depuis peu qu'elle est à nouveau capable d'exprimer ce qu'elle souhaite vraiment.

UNE TACTIQUE QUI SE RETOURNE SOUVENT CONTRE SON AUTEUR

En réalité, Madame Irène a adopté une tactique beaucoup plus nuancée qu'il n'y paraît à première vue, car en renonçant à montrer sa douleur elle a gardé sa foi pour elle. Un clivage s'est instauré, elle a joué le jeu de la croyance des parents, mais elle a maintenu par-devers elle ses convictions premières, qui mènent sa vie depuis toujours. Dans la plupart des cas il se passe un phénomène inverse : la douleur se manifeste, elle est prise en compte, cependant elle devient à son tour un piège, rentre dans le système des croyances de l'adulte, qui l'entretient de telle façon qu'il devient de plus en plus difficile de s'en dégager.

De fait, pour quelques symptômes précoces qui sont pris en compte et déchiffrés, combien sont entretenus et cultivés pour maintenir l'enfant dans le système de croyances dont l'adulte est le prisonnier à son insu ! Au lieu de chercher ce qu'il veut dire, on estime qu'il est fragile comme son grand-père, qu'il est victime du lieu où il vit, qu'il a probablement une disposition congénitale qui tient à la famille du père, qu'il s'est trop dépensé, etc. Autrement dit, loin de s'interroger sur les distorsions à l'origine de la réaction de l'enfant, on y voit la confirmation d'un certain nombre d'idées toutes faites et surtout d'idées que l'on se fait de lui. De son côté, l'enfant se heurte à ce mur de croyances et il les fait siennes peu à peu ; bientôt il interprétera sa douleur à partir d'autres idées ambiantes, il y verra une punition pour ses désirs meurtriers, le moyen de se faire pardonner, de justifier sa présence, le prix nécessaire pour obtenir telle satisfaction... Un mur d'incompréhensions se met en place qui fait proliférer les croyances de part et d'autre et qui renforce la tendance à recourir aux symptômes chaque fois qu'une difficulté se présente. De là la fameuse « surdétermination » du symptôme dont on a tant parlé, qui nous oblige à mille et un détours pour en retrouver la signification. En fin de compte, l'enfant est souvent conduit à choisir son destin futur en fonction des croyances des adultes plutôt qu'en s'appuyant sur ses propres convictions.

La douleur, qui est et demeure un appel, un moyen de communion avec l'autre, peut ainsi se transformer en un stratagème utilisé par l'adulte pour faire entrer et maintenir un sujet dans un système de croyances tout au long de son existence. C'est l'une des grandes découvertes de Nietzsche ; plus près de nous, Georges Bataille s'est souvent révolté contre cette aliénation fondamentale, et il savait de quoi il parlait puisqu'il a été toute sa vie d'une santé fragile et s'est battu pour se dégager de toutes les formes d'aliénation idéales. La prolifération des sectes et du fanatisme leur donne aujourd'hui raison après coup. C'est pourquoi les thérapies constituent toujours une arme à double tranchant : ou bien elles aident vraiment le sujet à se libérer progressivement de ses croyances et des souffrances qui leur sont associées, ou bien elles se contentent de donner de nouveaux sens à ces souffrances en les situant dans de nouveaux systèmes de croyances. C'est ce que font les thérapies traditionnelles par exemple quand elles visent à remplacer un tabou par un autre : en remplaçant tous les tabous antérieurs par le tabou de l'inceste, Freud s'est inscrit sans le savoir dans un système analogue [9].

Car la psychanalyse n'est pas à l'abri de ce type d'évolution : au fur et à mesure qu'elle progresse, elle tend à transformer certains de ses repères théoriques en objets d'adhésion, de croyance. Je viens de le signaler à propos de l'Œdipe, mais c'est vrai de tous les autres points théoriques importants. C'est la raison pour laquelle la place de l'analyse personnelle constitue toujours un préalable à la formation analytique : s'il ne redécouvre pas dans sa propre analyse ce que la théorie propose, si elle n'entre pas dans la visée de vérité qui l'anime, nul n'est tenu d'y adhérer. C'est pourquoi aussi Freud insiste tant dans sa définition de la psychanalyse pour dire que c'est avant tout une technique, une méthode d'investigation. Ceci dit, même en tant que méthode elle n'est pas à l'abri de ce glissement vers la croyance. À partir du moment où on transforme les règles, les diverses modalités du contrat en obligations absolues, qu'on les assimile à des interdits, on procède comme les thérapies traditionnelles, en remplaçant des interdits par d'autres. C'est pourquoi il faut souvent redire qu'il s'agit avant tout d'artefacts, de moyens transitoires et sujets à discussion, en fonction de la personne et du but à atteindre. La rigidification des règles est autant à l'origine des ruptures qui ont émaillé l'histoire de l'analyse ces dernières années que la transformation de la théorie en dogmes [10].

LA DOULEUR ET L'AUTRE

Nous sommes malades des autres, ai-je dit en commençant. Il faut maintenant aller plus loin : *c'est toujours à cause des autres, et plus précisément à cause des croyances des autres que nous éprouvons des douleurs.* C'est l'une des affirmations les plus traditionnelles de la religion chrétienne, elle ouvre des avenues immenses aux recherches sur les origines de la douleur et sur sa signification. Toute la tradition judéo-chrétienne depuis ses origines est animée par le souci de donner un sens à la souffrance, à la douleur, et on aurait tort de sous-estimer tout ce qu'elle a apporté à ce sujet. Si nos proches n'avaient pas instauré sans le savoir la relation à partir d'un certain nombre de croyances qu'ils portent avec eux, nous ne connaîtrions pas la souffrance. Plus l'autre intervient en réponse à nos douleurs et à nos demandes, plus le processus s'accélère. On comprend que la religion n'ait pas trouvé d'autre solution que de pousser cette tendance jusqu'à l'extrême, jusqu'à l'incandescence. Puisque la relation s'est instaurée sur la croyance, autant la confondre avec elle et en tirer toutes les conséquences.

Ceci éclaire pourquoi la relation d'aide ou de soin a été de tout temps sous-tendue par l'adhésion à une religion, à une idéologie. Aujourd'hui encore, la plupart des grandes associations humanitaires d'aide ou de soutien sont menées par des sociétés religieuses ou philanthropiques. L'intégrisme musulman n'aurait pas l'influence qu'il a acquise s'il n'avait pas d'abord mis en place un système d'aide et de soins aux plus déshérités, qui n'a pas son équivalent. Dans le domaine de la pathologie, si l'une des manifestations les plus résistantes à l'analyse est celle des enfants battus, c'est pour des motifs assez proches. En fondant la relation sur la violence et la douleur, on lui donne une solidité à toute épreuve, même si c'est une solidité fondée uniquement sur le pouvoir de l'autre.

La douleur fait partie de ces tactiques inconscientes présentes dans le symptôme qui se retournent souvent contre celui qui les utilise. Lacan l'a maintes fois souligné, la science comme la religion donnent sens à tout, ce qui permet de répondre à la souffrance et de la faire taire. Le prix à payer est considérable, puisque le sujet renonce à faire entendre les distorsions qui sont présentes en lui. La thérapie prend un parti inverse : elle ne fuit pas la souffrance et la douleur, elle les prend en compte. Je dirais même que dans certains cas elle rend au sujet une sensibilité fondamentale qu'il avait mise de côté. Car la douleur est un moyen de communication, un moyen d'échange, elle ne devient dangereuse que dans la mesure où on la porte seul, où elle ne peut être agie, parlée, intégrée et signifiée dans l'échange avec l'autre. Pourtant, l'analyse fait en sorte que le patient n'y perde pas ses questions et ses repères, auquel cas elle lui serait plus dommageable qu'autre chose.

Ce qui pose sous un jour nouveau un problème très actuel. Si la souffrance est un appel à l'autre, un moyen de susciter son écoute et d'échanger, il ne sert à rien de prolonger la souffrance ou de l'entretenir artificiellement lorsqu'elle ne sert plus à rien ou qu'il n'y a plus d'espoir de survie. Nous touchons au problème de l'euthanasie. Freud a souhaité qu'on lui administre une dose de morphine quand il a estimé que son état était désespéré.

13. La croyance aux objets

UN PROBLÈME TRÈS ACTUEL : LE MÉDICAMENT

Il n'est pas possible d'envisager la relation thérapeutique aujourd'hui sans tenir compte du problème posé par les médicaments psychotropes. Rares en effet sont les personnes souffrant de troubles psychiques relativement pénibles et qui n'aient pas commencé par demander un traitement pharmacologique ou qui ne sont pas tentées d'y avoir recours. On se limitera ici à ce cas de figure. Il n'est pas question de poser le problème du recours au médicament dans le cas des affections somatiques, où il a normalement sa place dans la mesure où il correspond directement au problème posé. En revanche, que l'on soit médecin ou pas, il faut toujours chercher à savoir si le patient prend ou non des médicaments et lesquels ; car on a montré que certains antidépresseurs peuvent rendre une relation psychothérapeutique particulièrement difficile, pour ne pas dire impossible. J'y reviendrai.

Du point de vue du patient lui-même, la demande de médicament s'inscrit dans la suite logique du système que nous avons mis à jour en analysant le phénomène de la croyance. *C'est d'abord la douleur qui appelle le médicament,* surtout quand l'imbroglio des croyances réciproques est devenu tel qu'il n'y a plus de relation fructueuse possible à un stade strictement personnel et affectif. Cette douleur, qui se manifeste essentiellement sous forme d'angoisse, de douleur morale, d'inhibitions, prend des proportions de plus en plus insoutenables. Faute de pouvoir être entendu et compris, le sujet entretient l'illusion nécessaire que l'autre au moins continue à être attentif, à s'occuper de lui et à répondre à l'objet de sa demande par d'autres objets qui soulagent la douleur qu'elle lui occasionne. De ce point de vue, le médicament s'apparente davantage à l'objet transitionnel au sens où l'entend Winnicott, que Guy Rosolato considère avant tout comme un moyen de faire face aux craintes d'anéantissement face à l'objet perdu. Si l'autre ne m'entend plus et ne me renvoie plus l'objet de ma plainte, il me renvoie au moins un objet qui calme ma douleur et me permet de surmonter la solitude.

Du point de vue du médecin, le psychotrope représente souvent l'unique moyen pour faire taire la douleur morale quand elle devient envahissante à l'excès. Dans la réalité, toutefois, c'est beaucoup plus complexe : la prescription se situe en effet dans plusieurs axes différents. Dans un axe historique et sociologique d'abord : il est certain que depuis près de cinquante ans maintenant la psychopharmacologie a connu un développement remarquable, soutenu par une industrie puissante et influente, relayée à tous les niveaux par un réseau de représentants efficaces. Face aux problèmes psychiques, le médecin est presque conditionné à envisager ce moyen en priorité, à plus forte raison quand il doit répondre à des patients englués dans la croyance, tels ceux que je viens d'évoquer. Le psychotrope soutient l'image d'une médecine toute-puissante et capable de répondre aux problèmes les plus mystérieux d'une façon presque magique. Dans un axe thérapeutique proprement dit ensuite : là où il n'y a ni douleur déclarée ni demande, le médecin sait comment agir directement sur les sources de la souffrance psychique, surtout quand elle s'accompagne de désordres graves dont le patient n'est pas conscient. Bon nombre de psychotiques ne demandent pas de médicaments, bien au contraire, mais on sait pertinemment et à leur place qu'en leur administrant certaines substances chimiques on peut corriger considérablement les effets de leur désorganisation interne. Le médecin considère cette fois la prescription comme un devoir, une obligation.

Je n'aborderai pas non plus le second cas, qui demanderait à lui seul toute une étude. Il ne sera question du médicament que dans le cadre d'une véritable relation, là où chacun est à même d'y prendre sa place à égalité avec l'autre, et donc chaque fois que le médicament intervient comme réponse à une douleur, à un signal affectif. Cela représente quand même la grande majorité des prescriptions, puisque celles qui s'adressent aux psychotiques ou aux maladies neurologiques restent minoritaires au regard du flot de traitements en tous genres dispensés aujourd'hui : les Français ont le privilège d'être les plus grands consommateurs de médicaments psychotropes de la planète !

LE SECRET DE SON EFFICACITÉ À COURT TERME : UNE NÉOSÉDUCTION

Dans la relation du thérapeute au malade, la demande et la prescription de médicaments psychotropes revêtent une signification précise qui éclaire en grande partie les raisons de leur efficacité. Le médicament, c'est toujours l'objet de l'autre, l'objet magique concocté et dosé par l'autre, qui est censé en détenir le secret. La composante chimique extrêmement complexe des psychotropes actuels ne fait que renforcer cette impression première. Auréolé de cette relation à un savoir supérieur, le médicament vient insensiblement occuper la place du signifiant énigmatique dont l'adulte est porteur. Avec une différence toutefois, et elle est de taille : celui-ci est à même d'inverser les effets de tous les signaux qui ont été administrés précédemment.

La prescription et l'administration des médicaments réitère donc l'opération de séduction en l'objectivant, en la médiatisant et en effaçant les effets nocifs de toutes les opérations de séduction antérieures. Pour quelqu'un qui n'a pu être entendu dans l'enfance, qu'on a fait taire à coups de croyances réaffirmées, et qui ne pouvait réagir qu'en manifestant des douleurs régulières, il est certain que la réponse est parfaitement adéquate : on est guéri par là où on a péché. La prescription s'inscrit exactement dans l'axe de la demande. Avec des effets différents selon le type de sujet : cela peut casser l'engrenage que nous avons décrit, et permettre un répit appréciable, ou bien il en résulte un nouveau type de dépendance, qui ne fait que relancer le système en question – tout dépend du terrain préalable – ; ou bien enfin il s'ensuit des effets inattendus, paradoxaux, c'est souvent le cas avec les hystériques. Et d'une certaine façon, heureusement : car l'hystérique rappelle régulièrement aux prescripteurs que l'effet du psychotrope ne tient pas d'abord à la valeur intrinsèque du mélange chimique qui le constitue, mais à la signification qu'il a pour celui qui en est l'usager.

La prescription constitue de ce point de vue une *tactique idéale* pour maîtriser les effets des relations pathogènes. On comprend qu'elle ait suscité de tels espoirs et tellement d'engouement. Elle correspond à l'évolution des sociétés modernes, où les relations entre adultes se réduisent de plus en plus souvent à des relations de travail ou de services, détruisant progressivement tous les groupes intermédiaires fondés principalement sur l'échange affectif et culturel.

Ceux-là prenaient le relais du groupe familial et permettaient que soient revécues et éventuellement transformées les séquelles des relations originaires. À la famille d'origine correspondaient des familles de pensée, de rencontres, des solidarités multiples, des confréries, qui ont aujourd'hui pratiquement disparu. De même qu'on donne de plus en plus de médicaments aux détenus dans les prisons pour qu'ils puissent supporter un enfermement et une promiscuité sans chaleur humaine, de la même façon on traite aujourd'hui les citadins confrontés aux ghettos des villes et les campagnards voués à un isolement sans âme pour qu'ils puissent survivre à l'incommunicabilité qui les étouffe.

UN FONCTIONNEMENT PERVERS

En tant que tel, et lorsqu'il est systématisé, le recours au médicament est foncièrement pervers, et il faut commencer par en prendre conscience si l'on veut éviter de transformer la relation en système de possession réciproque. Pourquoi pervers ? Il l'est dans la mesure où il tend à rabattre une relation de personne à personne, et même plus profondément de sujet à sujet, en fonctionnement mécaniciste et adapté. Prenons un exemple caricatural à l'image de l'idéologie qui sous-tend le système en question. Si Monsieur Jean ne peut plus supporter ses collègues de travail, dira le prescripteur scientifiquement formé, c'est parce que le taux de tel neuromédiateur est anormalement élevé ; d'ailleurs, il suffit de procéder aux examens dans les périodes où il est dans son milieu professionnel pour mettre ce dysfonctionnement en évidence et le chiffrer avec précision. Conclusion : on va prescrire un psychotrope qui va faire baisser le taux en question ou inhiber sa synthèse, et Monsieur Jean sera beaucoup plus à l'aise dans ses relations. La relation humaine est devenue une pièce parmi d'autres de l'immense machine technologique dans laquelle nous sommes insérés, et il suffit de mettre de l'huile dans les rouages, en choisissant scientifiquement la bonne huile et en trouvant le bon rouage, pour que la machine fonctionne à nouveau.

Je rappelle la définition de la perversion que j'ai donnée récemment : « Elle se caractérise surtout par le type de rabattement qui s'opère du pulsionnel sur le fonctionnel, à tel point que ce qu'il y a de plus spécifiquement humain, la diversité et l'intrication des désirs pulsionnels, se trouve transformé en un comportement unique, destructeur et stéréotypé [11]. » C'est exactement ce qui se passe ici, et d'une façon plus conséquente encore car c'est ce qu'il y a de plus profondément humain, la relation de séduction originaire, qui se trouve utilisé et manipulé comme un fonctionnement machinique. À la suite des débats provoqués par l'introduction massive du Xanax aux États-Unis, on a invoqué les risques de ce médicament en s'appuyant sur l'histoire d'un forcené prenant du Xanax depuis un certain temps, et qui tout à coup a tiré à bout portant dans la foule, provoquant la mort de plusieurs personnes. Bien sûr, le tribunal, se fondant sur d'innombrables expertises, a estimé que le médicament en tant que tel n'y était pour rien et les plaignants ont été déboutés. Il n'y était pour rien... directement. On ne voit pas au nom de quoi un médicament de ce genre provoquerait des impulsions destructrices. Mais indirectement, c'est autre chose : car à force de désespérer l'homme en le privant de tous ses moyens de communication psychique, il arrive inévitablement un moment où il est prêt à faire n'importe quoi pour rétablir la relation.

Faut-il brûler les médicaments ou les proscrire dans tous les cas où ils ne sont pas absolument nécessaires ? Bien sûr, il n'en est pas question, comme tout fruit du progrès ils sont inévitables. Néanmoins puisqu'ils représentent une tactique idéale et expéditive, il faut surtout veiller à en élaborer une autre fondée sur la durée et sur la relation. Partant du fait que la prescription systématique s'inscrit dans un système intrinsèquement pervers, on agira avec les personnes qui les réclament ou qui en ont fait leur unique moyen thérapeutique comme il est de règle dans tous les cas d'addiction : on réinsérera la médication dans une relation, à titre d'objet tiers, *on transformera la médication en médiation, ce qui est sa première raison d'être.* Envisagés de cette façon, les médicaments ne sont pas une arme parmi d'autres dans l'arsenal thérapeutique moderne, comme on l'entend trop souvent, ils permettent surtout au soignant de maintenir une certaine distance avec l'autre et de ne pas donner immédiatement de sa personne, surtout là où l'échange s'avère particulièrement exigeant.

On veillera ensuite peu à peu à déplacer l'accent sur d'autres médiations plus souples et plus humaines : parole, image, recours à d'autres thérapies... En attendant, la mise en évidence de la signification symbolique du médicament peut jouer un rôle important dans ce processus de désinvestissement. Il est bien rare qu'une personne attachée à un médicament ne témoigne pas aussi, à son insu, d'une histoire, d'une rencontre, d'une symbolisation. C'est telle amie qui l'a recommandé, tel médecin qui l'a prescrit pour la première fois et en qui on mettait beaucoup d'espoirs, le nom du produit évoque tel souhait, tel problème... Le but visé est de faire du psychotrope un dispositif d'appoint, ou d'urgence, et d'en limiter l'usage au maximum, de telle façon qu'il s'efface progressivement de la relation.

MÉDICATION ET CONDITION HUMAINE

Dans l'ouvrage qu'il a consacré à cette question, Édouard Zarifian[12] pose le problème le plus crucial en ce domaine : que seraient devenus des gens comme Verlaine et son ami Rimbaud si on leur avait prescrit des psychotropes dès qu'ils ont manifesté leurs premiers comportements déviants ? Compte tenu de leur tendance à l'addiction, il y a fort à parier qu'ils n'auraient pas décliné cette offre providentielle, mais tout donne à penser aussi qu'ils auraient renoncé par la même occasion à écrire beaucoup plus tôt qu'ils ne l'ont fait. On pourrait en dire autant de Van Gogh ou des grands auteurs d'une époque plus récente, comme Joyce, Beckett ou Ionesco. Le propre des grands génies est d'élaborer dans la création littéraire et artistique les moyens nécessaires pour exprimer les angoisses primordiales dont ils sont habités, en les transformant de telle façon qu'ils soient accessibles et sources d'épanouissement chez les autres, pour que la *catharsis* devienne une alternative au *pharmakon* au sens où l'entendaient les Grecs. L'usage immodéré des médicaments peut aussi tuer cela. Certes, dans un premier temps l'usage du psychotrope provoque une désinhibition salutaire, mais on s'aperçoit très vite que c'est au prix de la profondeur et de l'authenticité de l'expression.

D'une manière plus générale, on se rend compte que les hommes sont de moins en moins préparés à affronter les grandes énigmes de l'existence, la mort, la souffrance, la destruction, et la disproportion effarante entre les possibilités dont nous disposons et ce que nous faisons ou utilisons réellement. Avec la disparition des grandes idéologies, l'effacement des moyens de réflexion en profondeur, on se trouve écrasé par de telles vérités. D'où le malaise et l'angoisse des plus sensibles, des plus lucides, des plus exigeants, et l'impossibilité d'y faire face. Il est certain que le médicament constitue un bon moyen de clore les grands débats métaphysiques.

L'un des objectifs de la relation thérapeutique, surtout avec les enfants et les adolescents, c'est parfois de leur réapprendre à vivre avec l'angoisse et son cortège d'interrogations. Non pas dans une perspective masochiste ou doloriste, mais parce que l'angoisse est le lot de l'existence humaine et qu'elle peut être la source dynamique à la recherche d'une expression plus authentique et plus largement partagée.

QUELQUES IMPLICATIONS DIRECTES

Une règle s'est imposée peu à peu dans la psychanalyse, qui veut qu'on ne soit pas à la fois prescripteur et psychothérapeute, du moins pour la même personne. Dans une cure analytique, cela paraît évident, et on a toujours avantage à s'y conformer. Dans les faits, cela n'est pas toujours aussi simple : la première personne qu'un patient angoissé va consulter est souvent un prescripteur, et celui-ci ne va pas renoncer à établir une relation thérapeutique sous le prétexte qu'il fait aussi des ordonnances. C'est à lui d'élaborer une tactique habile et constructive de telle façon qu'il ne s'installe pas comme seul interlocuteur possible tant qu'il est prescripteur. Il dira d'entrée de jeu : « Il faudra un jour aller parler de vos problèmes à quelqu'un. » Même si son patient n'élabore jamais de demande en ce sens, il aura été mis très tôt face à ses responsabilités et sera d'autant moins porté à investir l'objet médicament comme un objet magique.

Du côté du psychothérapeute, c'est un peu la même chose. Il peut juger bon à un moment donné, face à des insomnies rebelles et aggravant les troubles, face à des inhibitions vraiment invalidantes, de conseiller à son patient d'aller consulter un médecin pour suivre un traitement médicamenteux. À lui de présenter cette éventualité comme un recours passager, un appui transitoire. Cela peut d'ailleurs concourir à désidéaliser une relation psychothérapique elle-même, en montrant qu'elle n'a pas non plus réponse à tout.

En tout état de cause, et quelle que soit la relation thérapeutique qu'on engage, il est toujours prudent aujourd'hui de s'enquérir auprès du patient pour savoir s'il suit ou non un traitement à base de psychotropes. En effet, certains travaux ont montré que la prise de médicaments influe sur la relation elle-même. Je me réfère à un article de Pierre-A. Lambert[13] qui souligne en particulier l'effet nocif des antidépresseurs. « L'imprégnation par antidépresseur, écrit l'auteur, pervertit le transfert et s'oppose au travail analytique [...] Ce qui complique, voire même peut rendre impossible le maintien de la relation lors de l'utilisation des antidépresseurs, c'est l'activation des défenses maniaques avec ce qu'elles comportent : les attaques contre le cadre, les atteintes portées à la règle fondamentale, le recours à la magie réparatrice, le développement du mépris et du triomphe de l'objet » (p. 142-143). D'autres médications bloquent toute possibilité de régression et rendent donc impossible un travail en profondeur. C'est dire à quel point il convient de s'informer et de se montrer vigilant.

14. Quand le remède devient pire que le mal

LES TACTIQUES IDÉALES ET LEURS LIMITES

Toutes les solutions thérapeutiques qui se sont dégagées depuis que nous prenons en compte la foi ou la croyance font partie de ce que j'appelle les tactiques idéales. Pourquoi « tactiques » ? Parce qu'on a affaire à de véritables manœuvres élaborées pour faire face à un contexte conflictuel où le désir de l'autre mène le jeu. Parce qu'elles conduisent le sujet à réagir en fonction de ce désir de façon à en tirer parti et à se dégager de son emprise immédiate. Et si je les qualifie d'« idéales » c'est dans la mesure où le sujet procède en s'appuyant sur des objets, des valeurs venues de l'autre et magnifiées par lui souvent à son insu pour tirer le meilleur parti possible de la situation. Ainsi la douleur permet-elle de m'imposer à l'autre quand il s'y montre particulièrement sensible, tout en trouvant des bénéfices cachés à la situation. De la même façon, le recours au médicament constitue une tactique idéale, pour le médecin comme pour le patient, au risque de faire l'impasse sur la relation proprement dite, l'essentiel étant de transformer l'angoisse en source de satisfaction immédiate.

Telles qu'on peut les percevoir à partir du symptôme, les tactiques idéales s'enchaînent les unes aux autres et elles forment un tout relativement solide et cohérent : le risque est grand cependant que peu à peu le sujet lui-même s'y laisse prendre. D'abord parce que étant élaborées prioritairement en fonction de l'autre, de ses désirs, de ses signifiants, plus on en tient compte plus l'autre apparaît lointain, mystérieux, inaccessible, et plus la relation apparaît à jamais impossible. D'autre part parce que faute de pouvoir se faire entendre au moyen de messages intimes et personnels, on s'y efforce bientôt par des comportements, des actes, des objets, autrement dit par des artifices de plus en plus régressifs. Les tactiques idéales telles que les fait apparaître le symptôme se transforment en tactiques infantiles ou en tactiques de désespoir.

C'est la raison pour laquelle il est si important que le thérapeute commence par les dégager, les clarifier de façon à les sortir de l'ornière. Nous avons vu que deux voies s'ouvrent devant lui pour accomplir sa tâche. La première le conduit à déplacer progressivement l'accent de la croyance à la foi au sens où il en a été question précédemment. Cela signifie qu'il se fie au patient, qu'il s'appuie sur ses potentialités et mise sur la foi qui l'anime à son insu par-delà les croyances qu'il affirme. L'autre voie l'amène à déplacer l'accent des objets intermédiaires les plus matériels aux objets intérieurs et imaginaires les plus proches du fonctionnement psychique propre au patient concerné. L'aboutissement de ce long travail se fait dans l'interprétation : quand le thérapeute devient à même de renvoyer au patient le message qu'il lui a adressé en le redressant dans le sens de sa vérité d'origine. L'*andros arété* pour Platon, « la vérité de l'homme », c'est « ce qui est essentiel à l'homme, ce qui permet à un être ou à une chose d'être vraiment ce qu'il est [14] ».

Tout cela, on l'aura compris, ne nous sort pas du régime des tactiques idéales, bien au contraire. Quoi que l'on fasse, on est toujours pris dans des objets imaginaires, des références suprêmes qui nous viennent de l'autre, de son autorité, de son expérience : la prééminence même accordée à l'*arété* ne nous vient pas naturellement, c'est le fruit d'une longue maturation et d'une recherche de longue haleine où l'autre joue un rôle déterminant. On sait que pour Socrate elle est le fruit d'une « maïeutique », d'un accouchement dont l'autre est l'artisan. L'autre est toujours là, plus nécessaire que jamais, et il finit par envahir tout l'horizon au risque de l'obstruer complètement.

Pourquoi ? L'expérience analytique l'a appris à ses dépens depuis ses origines et ne cesse de se poser la question à propos du transfert. *Toute relation portée par l'inconscient, surtout quand elle a des effets, tend à l'idéalisation de la personne qui en a été l'interlocuteur ou le support.* Je l'ai rappelé récemment en décrivant le passage du sexuel pervers au sexuel passionnel : lorsqu'on parvient à dépasser un fonctionnement pervers, c'est en le revivant en rapport à quelqu'un et en déchiffrant grâce à lui sa signification profonde. Ce quelqu'un devient alors unique, irremplaçable, il est inconsciemment divinisé. En réalité, l'évolution qui se fait jour rejoue une tendance qui s'est mise en place dans l'enfance et qui est à l'origine du processus d'idéalisation. J'en rappelle rapidement les données initiales.

L'attachement de l'enfant aux parents est d'abord de type pulsionnel, imaginaire, immédiat : si l'enfant trouve en eux la source de tous ses maux, il cherche aussi dans les relations qu'il tisse avec eux les satisfactions qui lui sont nécessaires pour contrebalancer ses angoisses et faire entrer les traumatismes originaires dans toutes ses transactions. Les adultes provoquent en lui l'apparition d'objets sources qui le travaillent et l'obligent à sortir de lui-même, ils lui fournissent aussi des objets qui vont lui permettre d'investir sa libido dans la réalité en relation avec les autres. Étant à la fois à l'origine de ses angoisses mortifères et de ses satisfactions, de sa haine originaire et de ses premières amours, ils concentrent sur eux les affects et lui offrent la possibilité de les unifier. C'est la raison pour laquelle les séparations précoces sont tellement dommageables ; c'est pour cela aussi que les premiers partenaires sexuels de l'enfant sont toujours ses parents. L'adulte fournisseur des objets de satisfaction se confond bientôt avec eux.

L'idéalisation résulte d'une série de transformations qui interviennent sur ces investissements premiers et fondateurs. Il se produit d'abord un refoulement de la composante sexuelle de l'investissement en question, en raison des interdits, mais aussi dans le dessein de mettre cet attachement premier et fondateur hors d'atteinte. Rien n'est plus précieux que ce trésor d'investissements extrêmement chargé d'affects et de désirs de toutes sortes mais qui n'aura jamais plus la possibilité d'être vécu comme tel par la suite. La petite fille, qui souhaite d'abord épouser son papa, finit par dire par-devers elle qu'elle ne l'oubliera jamais et par se garder ces affects intenses qui ont dynamisé les premiers mois de son existence. Cette mise hors d'atteinte de la relation avec l'objet premier contribue à en faire un objet merveilleux qui défie les limites et le temps, qui n'est pas comparable aux autres. Par la suite on pare des mêmes qualités tout ce qui a appartenu aux adultes en question, tout ce qui les évoque, les rappelle et qui se confond d'une façon ou d'une autre avec eux. Bientôt, les parents occupent une place idéale, ils sont l'équivalent des dieux dans la pensée primitive [15]. D'objets sexuels catalysant tous les désirs, ils deviennent des objets inaccessibles, et même lorsqu'ils seront soumis à des mouvements de haine, de rejet, ils en triompheront toujours d'une façon ou d'une autre.

L'inconscient ne renonce jamais à l'idéalisation : quand il tue ses idoles, comme à l'adolescence, par exemple, il en fait naître aussitôt d'autres, qui n'ont parfois rien à voir avec les modèles initiaux. Il arrive même parfois que le choix s'opère en fonction de facteurs de plus en plus régressifs. Ce type d'évolution est bien connu dans le domaine amoureux ou affectif proprement dit : que ce soit dans le cadre des amours classiques ou des amours perverses, l'idéalisation mène souvent en retour à des régressions catastrophiques. Néanmoins il existe aussi dans le cadre de la croyance et même de la foi : qu'on pense aux conséquences du fanatisme aujourd'hui, dans certaines religions, mais aussi dans certaines analyses. Lors d'évolutions mortifères qu'on a pu y observer, il n'y a pas d'amour, pas d'affection, mais uniquement une foi aveugle, du côté de l'analyste d'abord, puis du côté du patient ensuite qui ne peut alors que régresser vers des formes d'aliénation de plus en plus destructrices [16].

C'est probablement l'une des découvertes majeures de la psychanalyse que d'avoir démontré les ambiguïtés extrêmes du phénomène d'idéalisation. Il fallait pour éclairer cet effet paradoxal, à l'origine de tant et tant de symptômes, montrer le rapport étroit entre idéal et sexualité. Dans la réflexion philosophique et religieuse jusqu'à Nietzsche on estimait que l'un excluait l'autre, et que plus on s'élevait vers un idéal élevé, épuré, plus on se soumettait à des idéaux universels et reconnus, plus on tournait le dos aux désirs partiels sexuels de toutes sortes. Tout le monde pourtant n'était pas dupe : « Qui veut faire l'ange fait la bête », dit la sagesse populaire illustrée dans bien des contes. Il faut aller plus loin encore. Le rapport d'idéalisation est la transformation des rapports primitifs les plus investis pulsionnellement, les plus intenses et les plus dynamiques. Ils condensent des affects sexuels d'une virulence sans pareille, celle-là même que l'on voit se manifester au grand jour dans les moments de passion extrême ou de violence paroxystique.

Dans les psychoses, certains symptômes sont particulièrement typiques de ce type d'évolution, l'érotomanie par exemple, ou les délires d'influence. Les perversions sont elles aussi la conséquence d'une permanence de l'idéalisation : Guy Rosolato a bien montré que le pervers se bat avec un père idéal qu'il défie et restaure aussitôt [17]. Dans les névroses, l'obsessionnel lutte d'une autre façon avec un maître indéboulonnable, qui a sur lui droit de vie et de mort.

LE CATALYSEUR DE L'IDÉALISATION : LE PÈRE IDÉALISÉ

Je résume : la tactique idéale par excellence, celle que nous avons tous adoptée à un moment où l'autre de notre évolution libidinale, consiste à transformer le partenaire privilégié de nos relations humaines en un dieu mythique, qui a réponse à tout et qui peut subvenir à nos angoisses et à nos difficultés. Nous sommes tentés d'y avoir recours à nouveau dès que les difficultés de la vie nous submergent, en recourant parfois à des suppléants qui ne nous aident pas à grandir. Dans la dynamique inconsciente, cela donne lieu à toutes les formes de symptôme dont la soumission à l'autre est devenue le maître mot : névrose obsessionnelle, paranoïa, perversions.

Comment se dégager de cette évolution sans en jouer le jeu ? C'est l'une des difficultés majeures de la position du thérapeute. Dès l'instant où il apparaît sérieux et efficace, il prend la place de l'autre idéal et on devient effectivement malade de lui, au sens où on ne peut plus vivre sans se référer à lui d'une manière ou d'une autre. Je rappelle d'abord les différentes ouvertures que j'ai dégagées dans mon livre *Le Transfert* [18] et que je résume en quelques phrases : mettre en place un système d'échange qui ne soit ni de l'un ni de l'autre mais une élaboration commune où chacun se retrouve sans dominer ; provoquer peu à peu l'éclatement de ce système d'échange en autant de registres d'expression qu'en a le sexuel ; faciliter l'apparition d'objets du transfert de plus en plus diversifiés ; rendre à la libido du sujet sa place première et irremplaçable.

Tout cela suppose finalement qu'on situe clairement un personnage clé de la métapsychologie freudienne : le père idéalisé. Freud a eu pour la première fois l'idée d'analyser la place et la signification de ce partenaire imaginaire en écrivant *Totem et Tabou.* Il en fait le père de la préhistoire de l'humanité et tente d'expliquer l'évolution ultérieure de l'histoire des hommes par la persistance de cette figure dans l'inconscient collectif. Beaucoup contestent aujourd'hui l'explication phylogénétique, mais la plupart continuent à penser que cette figure occupe une place inégalée dans l'inconscient de chaque individu. Phyllis Greenacre, une psychanalyste américaine, a proposé de parler à ce propos de père idéalisé, terme qui a été largement repris et explicité par Guy Rosolato dans plusieurs de ses ouvrages. Pour cet auteur, le père idéalisé est le père de la préhistoire personnelle, la référence centrale issue du processus d'idéalisation et dépassant le problème de la différence des sexes : il occupe une place irremplaçable dans l'inconscient de tout individu, où il joue le rôle d'une instance fondatrice.

Le problème est donc le suivant : la référence au père idéalisé catalyse tous les investissements idéaux, elle constitue une source de dynamisme et de structuration irremplaçable quand elle demeure imaginaire et inconsciente. Elle commence à poser des problèmes dès lors qu'elle s'incarne dans la réalité d'une manière durable et permanente à travers un personnage réel quel qu'il soit. Il serait trop long de passer en revue les raisons de cette fixation qui s'avère parfois catastrophique. Je soulignerai que cela tient souvent à une difficulté du sujet à se situer dans l'ordre des générations. Les personnes les plus menacées par l'aliénation à un père idéalisé sont celles qui ont des problèmes de filiation. Dans les récits historiques, les personnages les plus souvent joués par l'idéalisation sont ceux qui sont issus de naissances illégitimes : il n'y a pas plus idéalisants ou soumis à leurs maîtres que les fils bâtards. Dans la clinique, pour sortir de l'impasse de l'idéalisation il faut donc souvent travailler à déplacer la référence principale du père idéalisé à celui que Rosolato appelle le père mort, le père symbolique, celui qui est soumis à l'ordre des générations. Il convient pour cela de repérer ce qui obstrue ce passage ou cette transformation ; il s'agit parfois d'un secret de famille, d'une tendance d'un parent à voir un parent décédé en son fils, etc. Le problème est souvent celui que nous avons rencontré dans le cas des stérilités psychogènes : c'est en s'appuyant sur un équivalent du père idéalisé incarné par le thérapeute que le patient peut accéder à une autre référence déterminante et structurante, celle du père mort, et se situer à son tour dans l'ordre des générations.

AU-DELÀ DE L'IDÉALISATION : LA CRÉATION OU LA SUBLIMATION

Je terminerai sur un exemple sur lequel nous n'avons pas fini de nous interroger. J'ai évoqué au chapitre précédent le rôle joué par les véritables créateurs dans la cité, dans la mesure où ils sont capables de forger des objets exprimant les désirs et les aspirations des hommes, leur offrant la possibilité d'une catharsis qui les fait grandir et progresser, à la différence des objets idéalisés qui ne sont que des palliatifs coûteux et passagers. L'intérêt de leur contribution ne s'arrête pas là : ce qui caractérise un grand créateur, c'est d'abord sa faculté de puiser dans son capital d'idéalisations primitives pour y trouver l'énergie et le génie nécessaires à sa création sans s'aliéner à l'autre. C'est donc sa capacité étonnante à créer à partir de lui-même, sans se fier au goût du jour, sans s'inféoder aux maîtres du moment ou aux idéologies dominantes. Ce qui ne signifie pas que sa création demeurera sans effets pour les autres, bien au contraire. Toutefois il s'avère que c'est en étant le plus personnel, le plus fidèle à ses intuitions les plus secrètes et les plus incommunicables *a priori* qu'il est le plus universel. C'est souvent au départ un pari difficile, à la limite du supportable, mais celui qui réussit à le tenir jusqu'au bout ne le regrette jamais.

Cela veut-il dire qu'il résout tous ses problèmes ? Il est bien évident que non. Il ne s'agirait pas d'idéaliser la création ou l'art en général comme certains auraient tendance à le faire un peu trop aujourd'hui. Les génies du passé étaient des hommes torturés intérieurement comme le sont tous les hommes conscients de leur destinée, et certains ont souffert toute leur vie de pathologies destructrices. Mais au registre de l'idéalisation où nous nous situons ici, ils ont au moins le mérite de nous montrer que la voie n'est pas aussi bouchée qu'on pourrait le penser quand on reste le nez fixé sur les tactiques idéales. Ils signalent qu'il y a une ouverture, qui ne consiste pas seulement à accueillir d'autres procédés thérapeutiques – tels ceux que nous envisagerons par la suite –, mais à réveiller en chacun la possibilité de créer et de contempler en fonction de ses aspirations les plus intimes.

Un exemple : tout le monde s'accorde à situer le grand tournant dans l'œuvre de Picasso à la période fameuse où il a peint les *Demoiselles d'Avignon*. Quand Picasso a eu l'idée de ce tableau, il s'est enfermé et isolé durant de longues semaines, griffonnant un nombre impressionnant d'esquisses, reprenant plusieurs fois la conception d'ensemble, sans jamais consulter qui que ce soit. Quand il a montré ce tableau à ses amis les plus proches, la plupart ont eu une réaction horrifiée, se demandant s'il n'avait pas complètement perdu le sens commun ; il a fallu des dizaines d'années pour qu'on en reconnaisse la valeur révolutionnaire. En attendant, Picasso a poursuivi dans cette direction sans jamais s'inquiéter de la stupéfaction qu'il éveillait. On peut dire aujourd'hui qu'il a accompli une œuvre gigantesque à la mesure des événements de son époque.

Ce sont des exemples qu'un thérapeute devrait toujours longuement méditer quand il est confronté au phénomène de la croyance. Il ne s'agit pas de pousser le patient à devenir un Picasso ou un Léonard de Vinci, tout le monde n'est pas appelé à devenir un génie ! Il s'agit de faire en sorte qu'il se rende compte petit à petit qu'il doit agir en s'appuyant d'abord et avant tout sur lui-même et sur sa conviction profonde. Le symptôme est toujours plus ou moins le fruit d'un compromis. « Ne cède en rien sur ton désir », dit Lacan. Non pour l'imposer aux autres, mais en sachant que c'est en étant soi-même qu'on a le plus de chances d'être ouvert aux autres et universel. C'est l'un des grands sujets d'étonnement de ceux qui découvrent la psychanalyse que de constater que les « grands cas cliniques », l'Homme aux rats, Dora, Schreber ou d'autres, ont été des gens très ordinaires, comme nous en rencontrons tous les jours. C'est pourtant avec eux, en les conduisant à donner le plus vrai d'eux-mêmes, que Freud a fait les plus grandes découvertes de la psychanalyse et qu'il a rejoint l'universel.

CHAPITRE IV

Le corps à corps du pulsionnel

15. La jungle des pulsions partielles, ou guérir le mal par le mal

L'AU-DELÀ DU SYMPTÔME

L'un des principes classiques de la thérapie analytique est de ne pas s'obnubiler sur le symptôme, de ne pas chercher à guérir à tout prix. J'ai commencé par signaler les risques d'une telle attitude, lorsqu'on en arrive à bannir toute volonté de guérison. Les tactiques et stratégies envisagées précédemment en ont montré la véritable raison d'être : avant de supprimer le symptôme, il faut commencer par l'entendre, repérer les processus en cours pour les faire aboutir, dégager les idéaux qu'il véhicule pour les relativiser et en dégager les sources. Pourtant, cela ne suffit pas encore. Car nous sommes toujours *dans* le symptôme, dans une logique où l'autre est le maître du jeu.

C'est pourquoi il faut viser plus loin et comprendre le système qu'il cherche à établir, le mode de relation à l'autre dont il est porteur et auquel nous résistons pour des raisons qui nous échappent. Cette restauration – ou cette instauration – est l'une des tâches primordiales qui s'imposent à la relation thérapeutique. Elle est d'autant plus délicate qu'elle suppose le concours actif du thérapeute pour aboutir et qu'il n'est pas toujours prêt lui-même à se laisser prendre dans ce mode de relation. On comprend pourquoi certaines thérapies plus récentes en arrivent à « prescrire le symptôme » : c'est parfois en effet le seul moyen dont nous disposions pour obliger le sujet à en pousser la logique intérieure à son terme.

Une thérapie ne peut en effet se limiter à vouloir comprendre ou guérir ; elle doit avoir un objectif qui va au-delà, et qui consiste à permettre à chacun de développer certaines des potentialités qui lui sont propres et grâce auxquelles il sera en mesure d'accéder à l'universel. Nous l'avons constaté en nous tournant du côté de la création artistique, c'est en étant fidèle à ce qu'il y a de plus particulier, de plus intime, qui s'élabore à partir de ses objets les plus cachés, qu'on accède vraiment à cet universel. Il en est de même avec le symptôme. Freud l'a comparé à une œuvre d'art interne ou inachevée, et nous devons œuvrer à son achèvement.

Reprenons les choses à partir du vécu symptomatique le plus quotidien : lorsqu'il est confronté à une situation angoissante, chaque sujet a sa façon bien à lui de réagir, y compris une non-réaction. L'un se ronge les ongles, l'autre se met à manger compulsivement, un autre au contraire ne peut plus rien avaler, un quatrième se précipite aux W.-C. Celui-ci commence à transpirer, celui-là à se moucher, un troisième ne parvient plus à respirer, il étouffe, ce dernier est pris de tremblements quand il ne fait pas sa crise, etc. La gamme de nos réactions symptomatiques est infinie et d'une richesse fantastique, la palette de nos manifestations réactives d'origine inconsciente offre un échantillonnage de manifestations absolument inépuisables. Et encore, je ne parle ici que des réactions visibles répondant à des sources d'angoisses évidentes et repérables. Que dire quand on prend en compte toutes celles qui sont d'origine endogène et qui éclosent à la faveur d'impressions purement intérieures et sans raisons repérables !

Comment peut-on dépasser des manifestations à première vue si misérables, mesquines et limitées ? Eh bien précisément en repérant les potentialités dont elles témoignent, ce qu'on appelle en psychanalyse les « pulsions partielles », qui sont là, bloquées, ravalées, banalisées, et en permettant au sujet de les remettre en circuit.

LE PULSIONNEL « INDIVIDUEL ET PORTATIF »

Auparavant, il faut toutefois tenter d'y voir un peu plus clair. Cela suppose que l'on remette en jeu cette notion psychanalytique que nous n'avons pas beaucoup sollicitée jusqu'ici parce qu'elle a mauvaise presse dans certains milieux psychanalytiques, alors qu'elle constitue une expérience de chaque instant. Il s'agit très précisément de la pulsion partielle. Il est vrai que c'est une des notions les plus vulgarisées, les plus banalisées, galvaudées même parfois, en particulier par le biais de la psychologie de l'enfant. Tout le monde sait aujourd'hui plus ou moins ce que c'est que l'oralité, l'analité, le sadisme et le masochisme... Mais comme souvent en pareil cas, ces arbres massifs finissent par cacher la forêt des pulsions, qui est infiniment plus fournie qu'on ne le croit généralement. Surtout, on confond purement et simplement la fonction avec le dispositif inconscient correspondant, qui n'est pas aussi simple qu'il y paraît. J'en donnerai des exemples.

Notons pour l'instant ce point, pour nous le plus significatif : en réagissant sous les multiples formes que je viens d'évoquer rapidement, le patient ne fait pas autre chose que mettre en œuvre une ou plusieurs pulsions partielles d'une manière qui lui est spécifique. C'est sa façon à lui de réactiver ses premières réactions lors de la rencontre avec l'énigme. Lorsque nous y sommes confrontés aujourd'hui, que ce soit sous la forme d'une mauvaise nouvelle, d'un accident, ou plus intérieurement d'une impression incontrôlable, chacun réagit en investissant une pulsion partielle – celle qui correspond à certains de ses désirs les plus intimes et les plus inconnus. C'est à la fois une façon d'y réagir, d'y faire face, et plus positivement de la vivre et d'en tirer parti. C'est pourquoi beaucoup des thérapies actuelles ne sont pas autre chose qu'un surinvestissement de certains grands registres pulsionnels : respirer, faire tel exercice, jouer, visualiser, et même parler.

On a souvent formulé le but de l'analyse en termes d'accès à la génitalité, au travail, au partage d'un certain nombre de valeurs ou d'idéaux collectifs. Il faut aussi en parler en termes d'accès à certaines jouissances pulsionnelles – le terme est de Freud – restées bloquées dans le symptôme et qui recèlent des virtualités dont nous n'avons pas idée. Voici un premier exemple très simple.

> Madame E. est venue en analyse après avoir été éthylique pendant de longues années. Elle en est sortie, mais de temps à autre cela la reprend. Autrefois elle buvait surtout par désespoir, quand un amant la quittait, quand elle se trouvait seule et sans but. Cette fois, c'est différent. L'analyste remarque avec étonnement qu'elle est surtout poussée à boire quand elle va devoir rencontrer quelqu'un, surtout lorsqu'il vient chez elle. Même et surtout quand c'est un proche, quelqu'un qu'elle affectionne particulièrement. Il lui fait remarquer ce paradoxe : généralement, on boit plutôt quand la personne est là, pour partager et échanger avec elle sur le mode convivial le plus traditionnel. D'où vient qu'elle court-circuite en quelque sorte ce rite et le vive toute seule ?

Il y aurait beaucoup à dire sur les raisons qui ont émergé : désir de partager avec certaines personnes disparues et qu'elle préfère aux vivantes, envie de régresser à un fonctionnement pulsionnel « pur » qui lui évite de s'encombrer des autres, etc. Une chose est claire en tout cas : boire est sa façon à elle de faire face à l'énigme, et son symptôme manifeste surtout une difficulté endogène à pousser sa réaction jusqu'à son terme et à la vivre avec d'autres de façon plus tempérée.

LA PULSION POSE UN SUJET FACE À UN AUTRE SUJET

Pousser une pulsion, cela peut paraître un peu bizarre, et pourtant, comme son nom l'indique, telle est sa raison d'être. C'est plutôt son but qui pose question : la pousser jusqu'à son terme, qu'est-ce que cela veut dire ? *Cela signifie très précisément en faire un moyen de partage, un soutien profond et dynamique à l'échange et à l'entrée dans un mode de communication plus ouvert.* Dans la plupart des manifestations que nous avons citées, elle a un résultat inverse : elle enferme le sujet dans sa logique propre. Une patiente agoraphobe et qui ne parvient pas à élargir le champ de ses sorties malgré tous ses efforts traduit très bien cette impossibilité : elle fait régulièrement un rêve où elle cherche à téléphoner à quelqu'un, généralement un proche, et ne parvient jamais à faire le bon numéro. Quoi qu'elle fasse, la communication est impossible. Ce rêve exprime très clairement où le bât blesse et pourquoi la pulsion nous enferme si souvent dans ses filets.

C'est surtout sur ce point que la théorie de Freud est à réviser, ou plus exactement à prolonger. Il a découvert la pulsion dans une perspective génétique, descriptive et dans un souci de théorisation rapide et immédiate. De ce fait, il a eu tendance à en faire un système en soi, fermé sur lui-même, une organisation interne à l'économie du sujet concerné. Pour nous qui la resituons à partir de l'expérience clinique la plus courante et dans le cadre de la séduction d'origine, il s'agit d'autre chose : la pulsion est avant tout une réaction, une réponse, une façon de se poser face à toutes les sollicitations qui dépassent l'appréhension immédiate et qui mettent en jeu de la même façon la part inconnue de nous-mêmes. C'est une réaction venue de loin, face à une provocation qui nous paraît venue d'ailleurs.

Pour la penser et la faire évoluer, nous disposons heureusement d'un certain nombre de notions nouvelles qui en facilitent la conceptualisation. Mais avant de les repréciser, revenons d'abord à celles que Freud a dégagées et qui demeurent des prolégomènes indispensables à toute étude des pulsions. Freud en parle au moment où il découvre la libido et affirme que cette libido qui dynamise toute notre vie psychique est sexuelle [1]. Il ajoute tout aussitôt qu'on peut envisager cette libido de deux façons : soit de manière globale, soit de manière diversifiée, à travers les désirs partiels qui se manifestent en nous, chacun constituant en fait une façon de vivre sa libido. Celle-ci est « protoplasmique » et elle peut, comme certaines créatures monstrueuses dans les films d'anticipation, prendre des formes multiples. Ces désirs partiels, il les nomme pulsions, et il les conçoit toutes sur le même modèle, avec une source, un objet, un but, et finalement une poussée, notion ajoutée dans *Métapsychologie* en 1914 [2]. J'ai dit pourquoi il fallait garder ces notions et les repenser [3]. D'autres sont venues s'ajouter depuis.

Et d'abord, la notion de *sujet* : elle a été propulsée au premier plan de la recherche analytique en France par Jacques Lacan, qui y voit essentiellement un effet de langage. D'autres cependant ont beaucoup élargi la perspective et à juste raison. C'est le cas de Green lorsqu'il écrit : « Il n'y a de sujet que comme sujet de la pulsion [...] la subjectivité se manifeste à l'occasion d'un but pulsionnel à accomplir, d'un objet à conquérir, portée par une poussée qui jaillit des sources du corps et met l'être en mouvement, le fait sortir de lui-même, l'invite à s'accomplir dans cette quête[4]. » Aux quatre déterminants pulsionnels dégagés par Freud il faut adjoindre ce pôle différent, à part, mais sans lequel la pulsion n'existerait pas. J'ajoute en ce qui me concerne qu'il n'y a pas un seul sujet concerné par cette quête mais un autre encore, ou des autres : tous ceux qui sont censés participer à ce mode particulier d'expression. L'assujettissement à la pulsion devient vraiment problématique, pervers, lorsque le système fonctionne en circuit fermé et que le sujet ne parvient pas à s'en servir pour rentrer en contact avec l'autre, comme Madame E., dont j'ai parlé précédemment. L'une des raisons principales est précisément que le sujet y est confondu avec l'un ou l'autre des quatre déterminants pulsionnels : il devient objet, ou se confond avec un organe, un but ou une poussée.

Pour comprendre la pulsion, nous pouvons aussi nous appuyer sur la notion de *système*, qui a fait beaucoup parler d'elle ces dernières années, surtout dans des thérapies nées en dehors de la psychanalyse – encore qu'elle soit en gestation depuis maintenant plus d'un siècle. Au moment où il a théorisé pour la première fois la pulsion partielle, il est très probable que Freud avait déjà à l'esprit les toutes premières élaborations de ses contemporains « sur les qualités de la forme[5] ». De fait, la pulsion telle qu'il la théorise correspond bien à une forme, à une structure, et finalement à ce qu'on appelle aujourd'hui plus communément un système. Si je parle de dispositif, c'est pour tenir compte du sujet qui y est assujetti et dont la pulsion dispose (ou qu'elle indispose) à son insu.

Lorsque nous réagissons sur le mode pulsionnel, nous sommes pris dans un système, un mode très particulier de fonctionnement qui nous agit bien plus que nous l'agissons. Je n'utilise pas la pulsion orale, c'est l'oralité qui me prend dans son système dès que je me vois confronté à un autre. La libido protoplasmique « devient » oralité.

C'est là qu'intervient la notion de *message* que Jean Laplanche a remise au premier plan et que j'ai déjà largement évoquée. Car s'il y a pulsion, c'est en réaction, en réponse au message énigmatique adressé par l'autre. Sa poussée, c'est l'énigme en tant que telle ; le but est de la résorber. Et pour cela tous les moyens sont bons, qu'ils soient de type oral, anal, olfactif ou visuel. Ce que je précise, c'est que la pulsion véhicule aussi « des messages en retour », autrement dit qu'elle n'est pas seulement réelle, au plus près du corps, ou bien imaginaire, comme Freud l'a fort bien expliqué, mais qu'elle advient aussi au stade verbal et symbolique – on le perçoit particulièrement bien à travers les rêves. En ce sens je dis qu'elle pose un sujet face à un autre sujet : parce qu'elle provoque une réaction qui le construit, qui le structure et au sein de laquelle s'élaborent des symptômes, des fantasmes et un discours inconscient dont l'autre est le support et le point de passage obligé.

Enfin, une dernière notion s'impose sans laquelle ce discours resterait lettre morte : le *signifiant énigmatique* ou formel, le signifiant oral, anal ou visuel que Guy Rosolato et Didier Anzieu ont théorisé récemment. Quand un sujet est pris dans un mouvement pulsionnel, il est agi par des signifiants de ce genre qui se manifestent à travers son fonctionnement somatique, ses gestes, ses attitudes, et qui parlent autant à l'autre que ce qu'il peut dire verbalement. C'est une expérience courante dans l'analyse que d'entendre le patient dire qu'« il a mal au ventre dès qu'il s'allonge », ou qu'il a des démangeaisons qui le gênent beaucoup à tel ou tel endroit de son corps... Très souvent il hésite à en parler, comme d'ailleurs de toutes les manifestations corporelles gênantes qui peuvent intervenir au cours de la séance, et c'est dommage. Car il s'y dit d'un coup énormément de choses, qui facilitent souvent la régression topique, autrement dit une vraie régression. Cela suppose une réelle connivence, car il est certain que dès que nous voyons éclore les manifestations dont j'ai parlé précédemment – crise, transpiration, malaise –, nous ne pouvons pas ne pas être touchés dans la mesure où nous connaissons parfaitement le système mis en œuvre pour l'avoir expérimenté. On a parlé de « contagion des symptômes ». Elle existe, c'est pourquoi le thérapeute n'échappe pas à un certain ressenti intérieur correspondant au vécu en question. C'est comme une prise de contact, qui donne en retour au patient l'impression que la communication est établie. Si on ne se laisse pas en quelque sorte toucher par le symptôme, rien n'est possible. Dans un second temps, le sujet utilisera le contenu de son symptôme pour dire en termes plus directs ce qu'il ressent par l'entremise de fantasmes, de rêves, de souvenirs.

Je conclus sur un exemple.

> Mademoiselle M. est en analyse depuis quelque temps et se plaint de toujours dire la même chose : son fiancé est en déplacement à l'étranger pour plusieurs mois et elle passe son temps sur le divan à pleurer son absence. Avec cependant une manifestation particulière qui lui est propre. Dès qu'elle s'allonge sur le divan pour en parler, elle a très mal au ventre. Invitée un jour à associer autour de ce mal de ventre insistant, elle évoque le désir d'aller aux toilettes, de se vider, de jeter des excréments. Après quoi un souvenir lui revient : lorsqu'elle avait deux ans et demi, sa mère a avorté, puis fait un épisode dépressif assez grave pour laquelle

il a fallu l'hospitaliser. Mademoiselle M. a été placée chez une tante et elle a très mal vécu cette séparation soudaine. Puis sa mère est revenue un beau jour en grande forme, sans crier gare, et il n'a plus jamais été question de cet épisode douloureux. À la suite de cette évocation, il est ressorti ceci : Mademoiselle M. pose aujourd'hui encore dans son corps la question que l'avortement a éveillée en elle à cette époque et qui n'a jamais été entendue. Est-ce qu'on lâche son bébé comme un excrément ? Est-ce la bonne façon de le faire disparaître ? Elle la pose d'autant plus qu'elle se retrouve aujourd'hui dans le même contexte de séparation et de culpabilité. Son corps a posé la question à travers un symptôme d'une banalité extrême, et seule une relation fondée sur la pulsion correspondante a permis qu'elle se formule en des termes appropriés.

16. Le sympôme régi par un seul système pulsionnel : à propos de la « pulsion à saigner » chez les femmes

LE PROBLÈME DE LA COMMUNICATION

Le premier problème que pose la pulsion telle que nous la concevons aujourd'hui, c'est donc qu'elle n'est pas suffisamment envisagée comme un moyen de communication. Or le but que doit s'assigner une relation thérapeutique digne de ce nom c'est de trouver comment rétablir la communication dont elle est porteuse et qui s'est interrompue autour d'un point précis. Ce qui pose *a priori* un certain nombre de questions dont nous ne pouvons faire l'économie. Comment ces manifestations impulsives, incontrôlables, considérées le plus souvent avec une certaine condescendance, au point que nous les réprimons autant que nous le pouvons, peuvent-elles êtres comprises comme des moyens d'entrer en communication ? N'est-ce pas en quelque sorte du délire, freudien ou lacanien peu importe, que de prétendre vouloir trouver des « effets de sens » (Lacan) à des comportements aussi dérisoires que des envies de grignoter, d'éternuer, de transpirer ? Freud s'y est efforcé et a réussi en partie quand il s'est agi des lapsus, des oublis, des mots d'esprit, des rêves. On ne peut pas dire qu'il y soit parvenu aussi bien pour toutes ces autres manifestations psychiques moins avouables qui renvoient directement aux pulsions. D'autant qu'il ne suffit pas de repérer ces effets de sens en s'en tenant aux manifestations elles-mêmes ou à celui qui en est le sujet, mais qu'il faut surtout les envisager dans leur rapport à l'autre – ce que Freud était encore loin de soupçonner.

Pour opérer cette clarification, ou démonstration, avec une certaine clarté, nous allons commencer par nous appuyer sur ce que l'on pourrait appeler un symptôme dominant, structurant ; autrement dit une manifestation relativement stable et qui draine vraiment toute l'énergie libidinale du sujet dans les moments de désarroi. On peut la qualifier de pathologique chaque fois que le sujet est enfermé dans son système, qu'il est unique et qu'il y est en quelque sorte assujetti. Nous verrons plus loin un autre cas de figure, là où la pulsion redevient vraiment « protoplasmique » et change constamment de registre, de forme, ce qui complique encore les choses mais qui est plus courant.

J'ai choisi de prendre pour exemple une manifestation symptomatique dont il est généralement très peu tenu compte dans les rapports d'analyse, alors qu'elle prend dans la vie quotidienne une place très importante, envahissante même à certains moments. Je veux parler des saignements menstruels : je pense qu'il n'est guère de symptômes qui soient aussi présents dans le vécu quotidien de la vie des femmes. Et pourtant, l'analyse en parle très peu. Les cas évoqués dans la littérature analytique se comptent sur les doigts de la main[6].

Pour bien comprendre ce qui se passe, j'aborderai la question sous sa forme la plus problématique, la plus outrancière, à travers ce qu'on appelle les saignements provoqués. Certaines femmes ne se contentent pas de mal supporter les saignements provoqués par leurs règles : elles se font saigner volontairement en d'autres endroits de leur corps, à intervalles plus ou moins rapprochés, ce qui entraîne des anémies tenaces et parfois dangereuses. Leur cas a été décrit par Bernard sous le vocable de « syndrome de Lasthénie de Ferjol » à partir du roman de Barbey d'Aurévilly, *Une histoire sans nom.* Nous avons affaire cette fois à ce qu'on pourrait appeler « une pulsion à saigner » : elle passe inaperçue quand elle s'insère dans le rythme menstruel, exactement comme la pulsion orale active ne pose guère problème quand elle se joue uniquement au moment des repas. En revanche on est obligé de la prendre au sérieux quand elle prend ces formes intempestives qui compromettent sérieusement la santé de la personne concernée, un peu comme la boulimie ou l'anorexie dans le domaine de l'oralité.

Il y aurait énormément à dire, on s'en doute, autour de ce syndrome, et j'ai déjà eu l'occasion de m'expliquer dans différents textes[7]. Je me limiterai ici à l'envisager dans le cadre de notre étude sur la relation thérapeutique, pour dégager les divers modes d'expression présents dans la pulsion sous-jacente au symptôme, comment ils s'articulent et comment nous pouvons contribuer à rétablir la communication. Nous verrons successivement en quoi et comment ce symptôme répond à un message très ancien de la mère, le dispositif qui se met en place en retour, le fantasme inconscient auquel il donne naissance et qui devient extrêmement actif dans la vie sexuelle du sujet et dans sa relation aux autres ; et finalement comment faire émerger le message en retour par lequel le sujet se pose face à un autre sujet pour lui formuler des questions intimes et personnelles.

LE MESSAGE ORIGINAIRE DE LA MÈRE ET SA TRACE

Pour comprendre ce qu'il en est des origines du symptôme et les résonances profondes qu'il éveille, il faut d'abord le situer dans le cadre originaire de la relation mère/enfant. Les règles, l'enfant commence d'abord par les subir, les endurer dans et par le corps de la mère, et cela bien avant d'avoir idée de ce qu'elles signifient. Comment ? De la façon la plus prosaïque qui puisse être, et les modifications du vécu féminin actuel dues aux traitements hormonaux ne changent rien au fond du problème. À côté du lait, de l'urine, de la transpiration, de la salive et des larmes, le sang fait partie des premières sécrétions-messages en provenance du corps de la mère, c'est même entre toutes la plus mystérieuse, la plus bouleversante. Quand la mère « voit ses règles revenir », cela signifie à la fois qu'elle est désormais prête pour une nouvelle fécondation et donc, par association, pour d'autres rapports sexuels. On ne peut rêver message plus énigmatique et plus sexuel. Il signifie aussi qu'un enfant est « mort dans l'œuf », autrement dit que le premier rival possible a été évacué. C'est donc à la fois un message de sexualité, de vie, de violence et de mort. Ce message est adressé à partir du corps même de la mère sans qu'elle s'en rende compte.

Il n'est pas rare, d'ailleurs, que l'enfant manifeste par quelques petits symptômes réactifs que le message a été reçu : il a une baisse d'appétit, fait son mauvais caractère, sans compter des manifestations plus violentes quelquefois. Françoise Dolto avait remarqué qu'un enfant faisait des crises d'asthme chaque fois que sa maman avait ses règles et qu'elle « sentait le poisson ». Il a pu émerger de son angoisse en dessinant la chose. Car il s'agit d'un de ces signifiants énigmatiques qui se mettent en place *grâce à une inscription visuelle.* De ce signifiant il ne restera le plus souvent qu'une trace, un signal rouge. Comme le sang de saint Janvier, cette trace est conservée à titre de relique, et chez certains sujets elle ne demande qu'une occasion pour se liquéfier à nouveau et se manifester.

C'est de cette façon que le sang, traditionnellement associé au rouge, devient ce que Jean Laplanche appelle un message énigmatique reçu et intégré d'une façon qui est propre à l'enfant. Cet objet-source se dépose en quelque sorte par l'entremise d'un signifiant primaire, d'une représentation privilégiée. Il s'agit pour Guy Rosolato d'un « signifiant de l'inconnu » qui ne renvoie pas d'abord au sexe de la mère, mais plus précisément au sexuel dans la mère, à ce qu'il a d'intraduisible, d'informulable sur le moment même.

LE DISPOSITIF MIS EN PLACE

L'intérêt du signifiant visuel en question, c'est son extrême polyvalence. À la différence des signifiants verbaux, qui ont une signification précise dépendant d'un code assez strict, se prêtant à des définitions, les signifiants visuels, comme les « mots primitifs », donnent lieu à des significations multiples et parfois contradictoires. Déjà dans le rapport à la mère primitive, le saignement et le rouge qui lui est associé signifient à la fois le sexuel, le sexuel de mort et le sexuel de vie. En revanche, l'enfant est pris dans cette relation, et au départ il n'a ni les moyens de s'en rendre compte ni les moyens de le réaliser.

Pour y parvenir il a besoin d'un regard autre, en particulier du regard paternel, qui voit à distance, reflète, nomme les choses et permet à l'enfant de s'approprier ce qu'il voit. Mais ce recours à un autre regard fait intervenir d'autres significations : le rouge signifie le meurtre, la faute, le mal accompli. Et au fur et à mesure de la maturation, il s'enrichit encore de nouvelles significations : le rouge signifie bientôt le viol, la défloration, la castration, mais aussi le désir d'être déflorée, pénétrée, fécondée et d'avoir un enfant.

Pour des raisons qui tiennent à leur histoire, certains sujets sont particulièrement investis par cette modalité pulsionnelle. Lorsqu'ils sont confrontés à une source d'angoisse, cette pulsion à voir rouge, à voir le sang, les envahit tout à coup de manière impromptue. Cela peut prendre des formes extrêmement diverses : épistaxis, rougeur de peau, grattages excessifs, hémorragies inattendues, rougissements du visage... Les femmes dont nous parlons, quant à elles, sont portées à se saigner pour voir leur sang dans le plus grand secret à l'un ou l'autre endroit du corps. Le dispositif dans lequel elles sont enfermées les porte à mettre en jeu dans leur fonctionnement corporel un signifiant visuel hérité de la séduction d'origine. Après avoir vu son sang couler, le sujet est soulagé, apaisé. Bien plus, il se sent à nouveau une énergie peu commune pour accomplir les tâches de sa vie.

Que s'est-il passé ? Cet objet lui a permis de se situer face aux autres, de remettre en scène la couleur qui condense et rassemble les impressions qu'il a reçues. Tout cela s'est mis en place en lui à son insu et dans un contexte primitif : le sang prend une valeur magique, il est interprété avec tel ou tel sens selon le mode de relation à instaurer. Le sang est donc au centre d'un dispositif où je donne à voir ce que j'ai ressenti et revois en retour.

LE FANTASME CORRESPONDANT

Freud a remarqué très tôt le lien qui unit la pulsion au fantasme inconscient. C'est à l'adolescence, quand les possibilités sexuelles parviennent à maturité, que ce fantasme s'organise de façon stable, et c'est toujours un fantasme sexuel. La mythologie du sang est l'une de celles qui facilitent le mieux l'émergence des fantasmagories les plus folles, les plus invraisemblables : vampirisme, meurtres rituels, sadisme... Je laisse de côté cette prolifération qui ne manque pas d'intérêt mais qui risque de nous égarer.

L'essentiel est ailleurs : il ne faut pas oublier que c'est en voyant pour la première fois le sang couler à partir de son sexe que la jeune fille découvre qu'elle est femme. Dès lors, le saignement prend une nouvelle signification : par un déplacement métonymique qui appartient aux processus primaires les plus classiques, il évoque implicitement ce sexe. Et de deux façons différentes : d'abord le saignement de la jeune fille représente le sexe féminin dans sa précarité constitutive et interrogative – « suis-je vraiment une femme, puis-je être mère, qu'est-ce que cela veut dire ? » –, ensuite il évoque le sexe de la mère, le sexe féminin originaire, triomphant de cette précarité et de cette interrogation – « elle a déjà enfanté, elle a donc quelque chose que je n'ai pas, que j'ignore ». Le sang est à la fois source et objet : source chez la jeune fille qui se saigne ou qui saigne et qui appelle imaginairement le sang de l'autre. Objet du côté de l'autre, la mère, évoquant la survie, la capacité à vaincre la mort, figurant le pénis immortel de la mère renaissant constamment de ses cendres. C'est la raison pour laquelle la transfusion est aussi importante chez certains sujets que le saignement proprement dit. Dans le cadre des saignements provoqués, saigner et appeler les transfusions, c'est comme offrir son sexe en négatif à un sexe saignant en positif qui est source de vie, tout cela dans le but d'enfanter un objet merveilleux, éphémère, qui symbolise en négatif l'enfant idéal que l'on n'a pas pu être.

Au total, cette pratique met en jeu un fantasme homosexuel unissant la fille et la mère, et donnant naissance à un enfant « sans nom », comme l'est celui de Lasthénie dans le roman de Barbey d'Aurévilly. Ce fantasme comporte de nombreuses variantes : dans le cadre des saignements provoqués, on note une propension à ce que l'engendrement soit un auto-engendrement, une tendance à ce que le sujet se confonde avec l'objet ou la représentation, avec tous les inconvénients qui en résultent. Quand elle se saigne, elle joue d'une certaine façon à se faire disparaître et à se faire renaître par le biais de cet objet symbolique. Dans les autres cas, c'est par-delà l'Œdipe le désir d'enfanter entre femmes, en court-circuitant d'une manière ou d'une autre les nécessités dues à la différence des sexes.

LE MESSAGE « EN RETOUR »

Il faut toujours, d'une façon ou d'une autre, en passer par le fantasme, ne serait-ce que pour remettre en circulation le signifiant originaire et les personnes par rapport auxquelles il est appelé à avoir des effets de sens. Il est indispensable aussi de dépasser la description pure et simple, qu'elle soit médicale ou littéraire, de se dégager des productions imaginaires de toutes sortes qui gravitent autour du fantasme, pour tenter de rejoindre le message en retour qui s'élabore à l'insu des patientes et qui est véhiculé par lui. J'utilise cette expression pour bien marquer qu'il constitue à proprement parler une réaction, une réponse, une manière pulsionnelle de renvoyer à l'autre un mode d'expression dont il nous a marqué pour lui poser une question intime et personnelle.

Le message en retour est d'abord à entendre dans le signifiant visuel qui en constitue le noyau. Quand une femme saigne, elle voit à la fois ses règles et celles de sa mère ; dans son esprit les deux sont toujours associées. Et dans ces cas curieux où elle se fait volontairement saigner, elle cherche à faire vibrer sa mère, à la faire réagir en profondeur, à la toucher, à communiquer d'abord dans le *feeling,* dans la connivence. Dans les nombreux cas publiés de saignements provoqués que j'ai pu recenser, il n'est pas rare que la mère soit au courant des pratiques de sa fille et s'en fasse plus ou moins complice. Dans le roman de Barbey d'Aurévilly, il est clair que Lasthénie se saigne pour faire signe à sa mère, et que ce signe l'atteindra, même si c'est au-delà de la mort. Dans toutes les manifestations symptomatiques il en est de même : le message est d'abord et avant tout immédiat, pulsionnel, empathique, et s'il n'est pas reçu sur ce plan, si le thérapeute s'en défend, il restera lettre morte.

Lorsque le contact est établi, il entraîne inévitablement une remise en action du fantasme, celui-ci incluant le thérapeute. Il s'agit, nous l'avons noté, d'un fantasme homosexuel extrêmement envahissant. Or là aussi, il faut se garder de se fier aux apparences. Ce que demande la patiente, ce n'est pas qu'on accepte un partenariat équivoque, ni même qu'on refasse un « pacte du sang » ; ce qu'elle attend, c'est de pouvoir exprimer ce qu'il signifie. Le fantasme vise surtout à remettre en place l'axe dans lequel le message est à entendre, à comprendre, dans quel contexte il est à prendre en compte, avec quel arrière-plan, et surtout qui sont l'envoyeur et le destinataire : la fille et la mère. Il est ensuite à déchiffrer au cas par cas pour découvrir ce que l'on veut y dire, et cela varie énormément d'une personne à l'autre.

Il n'est pas rare, d'ailleurs, qu'en fin de compte le sujet se confonde avec son message ; il se fait message. J'ai rapporté le cas d'une personne qui se saignait de cette façon et qui est parvenue à y renoncer : elle est quand même devenue donneuse de sang volontaire, et douze ans après son analyse elle rêve encore de devenir maigre, exsangue comme un fétu de paille... pour rejoindre sa mère qui vit en province et avec qui elle ne parvient pas à communiquer.

Dans le cas des règles dites difficiles, il est plus facile de décoller le sujet du message et de l'aider à exprimer ce qu'elle veut dire. Toutes les variantes sont possibles. Dans le cas de Dominique, une adolescente, il est apparu que ses règles douloureuses étaient pour elle une façon d'interroger sa mère sur les nombreux avortements qui avaient précédé sa naissance et qui avaient été une véritable croix pour celle-ci. Dans le cas de Madame F., venue consulter pour savoir comment déclarer une fille née hors mariage, il est apparu que cet enfant « de son sang », qu'elle avait eu imaginairement avec une amie chère, était comme un reproche vivant adressé à sa mère qui l'avait délaissée[8]. Le contenu du message en retour varie considérablement d'un sujet à l'autre, d'une thérapie à l'autre.

Ce qu'il faut retenir du point de vue de la thérapie proprement dite, c'est qu'elle n'est concevable que dans la mesure où elle ouvre successivement les registres d'expression qui viennent d'être évoqués, quel que soit l'ordre où ils surviennent. L'expression par ce type de signifiant est fondatrice et suppose un minimum d'anamnèse pour prendre sens. La mise en place du dispositif pulsionnel passe par la mise en scène des personnes avec lesquelles le sujet a vécu les phases décisives de sa maturation psychique. L'expression du fantasme s'appuie souvent sur des récits de rêves ou des appels à la littérature, à l'art, au folklore. Quant au message en retour, il nécessite la mise en place d'un transfert où l'on reconstitue un espace d'intimité, de secret, de rapport unique à l'autre.

Certains se demanderont pourquoi le fondateur de la psychanalyse a accordé si peu d'attention à ce genre de phénomènes, et pourquoi les psychanalystes en ont si peu parlé depuis. Je mettrai cela sur le compte de la mésaventure survenue à Freud avec Emma Eckstein, qui semble l'avoir détourné à tout jamais de s'intéresser de trop près aux manifestations du corps féminin [9].

17. La pulsion dans ses formes multiples

LES REMOUS DU PULSIONNEL

J'ai envisagé la pulsion dans sa forme la plus cohérente, quand elle reste structurée selon une modalité connue et accessible – en l'occurrence, le visuel –, et à partir de l'un de ses objets privilégiés – le sang –, de façon à dégager plus facilement les registres d'expression auxquels elle fait appel. Dans la plupart des cas, cependant, cette forme se fait changeante, mouvante, épousant des modalités pulsionnelles multiples et entrecroisées, ce qui ne facilite pas l'analyse. C'est le cas en particulier lorsque la relation thérapeutique s'est bien établie et qu'elle a entraîné un certain assouplissement dans l'expression des symptômes, qui se font plus variés, plus signifiants.

On assiste alors à l'un des paradoxes les plus déroutants dans cette évolution : le dégagement et l'interprétation des messages provoquent des résultats appréciables, la disparition d'un symptôme, par exemple, mais il en résulte des complications nouvelles, imprévisibles. La levée d'un symptôme en fait souvent émerger d'autres. À la limite, plus le thérapeute se montre attentif, écoutant, prudent et ouvert à la dimension symbolique des messages, plus il voit les expressions symptomatiques affluer. C'est un phénomène que connaissent bien les personnes s'occupant de jeunes enfants en collectivité : s'ils écoutent longuement un enfant, s'efforçant de le comprendre, ils voient les autres s'approcher un à un et réclamer à leur tour d'être entendus et compris.

Cela pose donc un certain nombre de questions particulièrement délicates : d'où vient-il que l'écoute du pulsionnel entraîne cette *surenchère* qui peut paraître excessive, envahissante certains jours, au point qu'on se demande si elle n'est pas plus ou moins voulue, surtout chez certains patients, plus ou moins suscitée ou entretenue, surtout dans certaines thérapies ? Quels sont les *repères* auxquels il est possible de se fier pour ne pas se perdre dans cette jungle du pulsionnel lorsqu'il prend ces formes « protoplasmiques », au fur et à mesure de leur déploiement ? Une fois de plus, nous allons le voir, c'est l'autre, le thérapeute, qui, sans le vouloir bien sûr, favorise et encourage une telle évolution. C'est donc à lui aussi qu'il revient de dégager les repères nécessaires pour ne pas se laisser égarer. Ces derniers sont de deux ordres : d'abord les quatre déterminants pulsionnels mis en lumière par Freud, et que j'ai appelés les pôles du pulsionnel. Ils représentent un peu comme notre boussole dans cette navigation délicate. L'autre type de repère est purement subjectif et renvoie à la position que le thérapeute est conduit à prendre dans le dispositif pulsionnel afin qu'il devienne vraiment pour le sujet un moyen de se poser face à l'autre.

QUAND LES « FORMES [10] » ABONDENT

> Une patiente, que j'appellerai Madame Bertrand, souffre de crises de boulimie passagères avec chaque fois une prise de poids importante, suivie d'un retour à la normale. Un jour, elle se fait cette réflexion en séance : « C'est curieux, dès que j'atteins un certain poids, je m'arrête aussitôt de manger. Et ce jusqu'au retour à un autre poids en dessous duquel je ne descends jamais. » L'analyste l'invite à interroger les chiffres qui rythment ainsi ses crises. Il s'avère qu'il s'agit de deux dates : la première renvoie à l'année où cette personne a été forcée par sa mère d'arrêter ses études pour aller travailler ; la seconde, sept ans après, à l'époque où elle a pu enfin s'affranchir de la tutelle maternelle et reprendre des cours. Ainsi elle mime avec tout son corps deux dates fatidiques, sept années de malheur ! Et bien sûr, au moment où elle prend enfin conscience de ce phénomène effarant, elle s'aperçoit qu'elle en est précisément à sept ans d'analyse...

Deux pulsions entrent ici en jeu : la pulsion orale et la pulsion de voir, ou plus exactement, car il faut être précis, la pulsion à avaler et la pulsion à montrer. Les chiffres qui rythment la prise de poids sont les « représentants *but* » de ces pulsions, qu'il s'agit de mettre sous les yeux de la mère comme un reproche vivant. Il est certain que ces représentations n'auraient pu venir au jour s'il n'y avait pas eu quelque part un *objet* – l'objet du litige entre sa mère et elle – qui remonte beaucoup plus loin, nous le verrons, que la question des études ; une source, l'*œil* supposé à qui montrer ces chiffres et qui est situé du côté de la mère ; et surtout une *poussée* invraisemblable à dévoiler, à faire voir au monde entier ce que sa mère lui avait infligé. Voilà donc les quatre pôles grâce auxquels les fluctuations de poids peuvent prendre sens, dans un registre visuel, avec un pôle dominant, le pôle nord en quelque sorte, qui indique le but poursuivi. En même temps, du point de vue de la pulsion orale cette fois, ces crises de boulimie équivalent à avaler la mère puis à la rejeter, selon une fréquence calquée sur ces dates fatidiques, mais sur le moment, compte tenu du caractère sidérant de l'interprétation, il en est fort peu question.

Après ce premier temps d'éclaircissement, on assiste à une réelle amélioration, et puis cela recommence. En revanche, le registre oral prend cette fois le dessus, la boulimie se précise, elle se fixe sur un élément isolé, le sucre. Quand Madame B. mange du sucre, elle ne peut plus s'arrêter, c'est une véritable orgie, elle reprend des kilos à une vitesse qui la désespère. Finalement, elle ne trouve pas d'autre solution que de bannir à jamais le sucre de son alimentation, et il n'en est plus question pendant tout un temps. Jusqu'au jour où elle arrive en séance avec le fait suivant : « Je suis sortie hier soir au restaurant, dit-elle, avec ma collègue de travail, c'était très sympathique. Malheureusement, je n'ai pas pu m'empêcher de manger du sucre, j'ai repris du gâteau, me suis goinfrée de tous les sucres qui traînaient sur la table après le café. En revanche, curieusement, dès que je me suis retrouvée toute seule, ça s'est arrêté. »

Que s'est-il passé ? Beaucoup de choses, mais surtout un fait très important pour saisir la structuration pulsionnelle. Jusque-là, Madame Bertrand était une bouche qui mangeait du sucre, elle était la proie des deux pôles manifestes de la pulsion, la source et l'objet. Elle n'avait donc que deux solutions à sa disposition : l'ouvrir... ou la fermer. Cependant elle ignorait totalement les deux autres pôles. Pourquoi ?

Probablement en raison de l'interprétation précédente. Compte tenu de sa véracité, l'analyste en était venu à occuper le lieu de l'énigme, donc un lieu idéal mythique où se situait le point de départ et d'arrivée du pulsionnel. Il était devenu de ce fait un Autre, un Autre représentant le séducteur d'origine et donc plus ou moins idéalisé.

Et voilà qu'une autre personne intervient, une autre personne dont l'analyste, par son écoute, a facilité l'émergence dans son discours et dans sa vie. La rencontre avec cette compagne va ouvrir la voie à la mise en place et à l'expression des deux pôles refoulés, des pôles manquants sur le plan oral, ceux qui l'obligeaient à se cantonner dans le tout ou rien et qui menaient le jeu à son insu. La *poussée,* l'envie irrésistible d'abord : celle-ci, éveillée par la présence d'un substitut maternel, se localise dans le restaurant, en un lieu précis et bien délimité qui vient contenir le mouvement pulsionnel et l'enclore, selon une logique dont Bion a fort bien rendu compte. D'ailleurs, une fois sortie du restaurant, cette poussée s'apaise, comme si elle avait trouvé là son lieu de manifestation grâce à une fixation de type phobique. Cette rencontre fait aussi émerger le *but* de la pulsion, sa raison d'être : il s'agit d'un but actif, violent, qui consiste à dévorer le sucré, incarné cette fois par cette collègue sympathique, de façon à introjecter un aspect de la mère qui lui a fait défaut. Se trouvant avec quelqu'un de bon, « elle veut se la faire » en quelque sorte. Ce que l'analyste interprète dans les termes suivants : « Vous voulez mettre en vous la bonne mère sucrée qui vous a fait défaut quand vous étiez enfant. »

Le résultat est appréciable : le pulsionnel oral a trouvé à se manifester et à entrer en jeu de façon active, signifiante, et l'analyste se trouve dégagé de l'idéalisation qui entravait la communication. Bien plus, grâce à la rencontre d'un tiers, Madame Bertrand a formulé son désir d'avaler l'autre, désir dont l'analyste a pris acte, et c'est lui maintenant qui va en faire directement les frais.

JOUER À DEUX OU À QUATRE ?

Avant d'aller plus loin, arrêtons-nous un instant sur ce jeu étonnant. Dans le pulsionnel, l'autre est d'abord utilisé à la façon d'une chose, d'un pion dans le jeu relationnel. Or ce jeu comporte toujours quatre positions qui renvoient aux quatre déterminants définis par Freud. C'est lorsque ces quatre se réduisent à deux, ou même à un, que le jeu devient mortifère : c'est le retour au passionnel ou à l'inanimé. C'est difficilement évitable. Pour rétablir la communication, pour que les messages circulent, l'analyse invite à inscrire le pulsionnel dans un système à deux pôles, avec le lieu de l'émetteur et le lieu du récepteur, mais l'insistance mise sur cet axe premier est telle qu'il finit par se confondre plus ou moins avec l'axe source/objet. Une telle confusion passionne le débat et risque de le bloquer une fois pour toutes, car quand l'autre se confond purement et simplement avec l'objet, il est idéalisé. C'est pourquoi il faut utiliser tous les moyens possibles pour rétablir le système pulsionnel en tant que tel dans toutes ses dimensions, en misant sur d'autres registres d'expression et sur d'autres rencontres. C'est en effet en transposant ailleurs son désir d'avaler que Madame Bertrand a pu le vivre dans toute son intensité et découvrir ce qu'elle y cherchait sans le savoir. C'était vital pour que la thérapie ne se limite pas à établir de nouvelles interdictions ou de nouvelles barrières, comme Madame Bertrand l'a fait dans un premier temps.

C'est la raison pour laquelle les quatre déterminants découverts par Freud demeurent des références irremplaçables, même et surtout quand on dépasse le cadre d'une pulsion précise. Bien sûr, il faut les dégager d'un certain nombre de notions mécanicistes ou biologisantes aujourd'hui désuètes, explorer plus à fond les pistes ouvertes en tenant compte des découvertes actuelles – sans toutefois perdre le précieux acquis des recherches antérieures.

En procédant de la sorte, nous rejoignons l'intuition de l'un des plus grands parmi les présocratiques, Empédocle, lorsqu'il écrivait : « Il y a quatre éléments, le feu, l'eau, la terre et l'air. L'amitié les rassemble, la haine les sépare[11]. » Même si nous ne parlons plus en termes d'éléments mais de directions, d'axes du désir, d'ouverture à l'espace imaginaire du désir, nous sommes confrontés à une exigence de l'appareil psychique et à une loi fondamentale du fonctionnement pulsionnel. L'objectif que poursuit l'analyse ne consiste pas seulement à faire circuler les messages, les représentations, il vise également à dégager, à reconstituer ce dispositif pulsionnel qui est sous-jacent au symptôme et à voir comment le thérapeute peut en favoriser l'émergence.

LES EFFETS DE L'INTROJECTION : L'ASPIRATION DU THÉRAPEUTE DANS LE JEU PULSIONNEL

En soulignant à Madame Bertrand qu'elle souhaitait faire entrer en elle la bonne mère sucrée, je l'invitais à aller jusqu'au bout du mouvement oral qui l'enfermait jusque-là sur elle-même : faire entrer en elle la mère tout simplement, et plus précisément m'introjecter moi aussi, m'avaler. D'ailleurs, les conséquences n'allaient pas tarder à se faire sentir. Quelques séances après celle que j'ai rapportée, elle arrive sur le divan toute dépitée :

« Je ne suis pas fière de moi : hier soir, j'ai mangé 150 grammes de chocolat. Résultat, quand je me suis mise sur la balance j'avais encore pris des kilos, et en plus, je me suis vue toute boursouflée dans la glace de la salle de bains. » Je lui signale la disproportion flagrante entre les 150 grammes de chocolat et les kilos qui en résultent, et surtout ce visage boursouflé ! Elle m'écoute attentivement et se demande : « Alors, ce serait moi qui me déformerais le visage exprès ? » Je dois dire au passage que Madame Bertrand souffre aussi du syndrome de l'enfant battu, non pas au sens le plus extrême, mais dans l'une de ses modalités plus banales, plus sournoises et d'autant plus pernicieuses : quand elle était enfant, sa mère la frappait pour la moindre peccadille, au point qu'elle en portait les marques. Elle avait honte de ces stigmates, et elle n'a jamais osé les laisser entrevoir à personne, même pas à son père, qui ignorait tout, ou qui voulait tout ignorer de ces mauvais traitements. Elle se rend compte à l'occasion de sa réflexion excessive qu'en se faisant grossir elle cherche surtout à se rendre affreuse, à devenir toute boursouflée comme lorsqu'elle était frappée, elle prend le relais de sa mère, elle se punit, elle se bat à son tour et se défigure. Il est même probable qu'à son insu elle mange pour introjecter la mère et pour qu'elle la punisse : on est cette fois en plein masochisme érogène, l'une des formes du pulsionnel les plus difficiles à surmonter. Ce qui me laisse assez perplexe, car ce n'est pas la première fois que je vois pointer cette visée insistante, et que tout donne à penser qu'elle reste inentamée.

Heureusement, elle n'a pas seulement introjecté la mère, elle m'a introjecté moi aussi : la nuit suivant cette séance, je fais en effet un rêve. « Je mène une enquête concernant une femme qui a disparu à la suite d'une agression. En cherchant une pièce à conviction, je découvre dans l'escalier un morceau de bois genre écorce qui porte imprimé un pan entier du visage de la femme disparue, comme s'il s'y était gravé à la suite de coups répétés. » Le rêve se termine donc sur une véritable impression d'horreur. Bien sûr, j'associe son contenu à mon analysante. Ce pulsionnel masochiste a un but : si elle en arrive à de pareilles extrémités, c'est parce qu'elle cherche à faire apparaître le visage qui s'est gravé en elle dans des circonstances si tragiques qu'il l'emporte sur toutes les autres représentations qui se sont succédé. Compte tenu de l'érotisation intervenue dans cette expérience, il est devenu le principal moyen dont elle dispose pour graver son identité. Le stade du miroir ne donne pas seulement lieu à de la jubilation, comme l'écrit Lacan : pour certains il est associé à la souffrance, à l'humiliation. Et ils vous diront que c'est toujours mieux que de n'être plus personne, de sombrer dans le néant, car pour eux l'investissement a été tel que cet arbre cache littéralement la forêt.

À quoi vise la tendance boulimique ? À exhiber dans la littéralité des dates significatives ? À tenter d'introjecter une bonne mère qui lui a manqué dans l'enfance ? À s'humilier pour retrouver une identité d'origine, fût-ce celle d'une fille battue, tronquée, handicapée ? À tout cela à la fois. Le pulsionnel est multiple. Je pense toutefois qu'avec cet épisode nous touchons à un point capital. Il rejoint un récit de l'Évangile qui a donné lieu à de nombreuses illustrations : Véronique essuie le visage de Jésus, qui selon la tradition serait resté imprimé sur le tissu [12]. L'analyste est souvent à son insu une Véronique qui s'ignore : il restitue à la patiente un visage oublié, lui permet de récupérer une image de douleur pour la situer au milieu d'autres et l'assumer sous d'autres conditions. Lacan dit de la pulsion qu'elle est le trésor des signifiants ; c'est aussi le trésor de nos images, le lieu par excellence où se créent les représentations visuelles qui orientent et régissent l'existence.

L'épisode de boulimie au restaurant a donc été l'occasion pour Madame Bertrand d'aller jusqu'au bout du système oral qui la conduisait à tant d'excès, et à faire entrer en elle non seulement la bonne mère, mais aussi la mauvaise, et enfin l'analyste. Il est là pour prendre acte de ce qui s'est passé, et surtout pour renvoyer une image grâce à laquelle elle peut se situer, se construire. C'est par là qu'il facilite une réparation, une néogenèse et le surgissement de représentations ouvrant à d'autres orientations. Freud dit qu'il ne faut pas avoir l'œil rivé sur le symptôme si l'on veut mener une véritable analyse. Je dirai qu'il ne faut jamais avoir l'attention fixée sur un seul système pulsionnel ou sur l'un des pôles du pulsionnel, et moins encore sur l'une des représentations buts qui lui sont attachées. En revanche, c'est en se référant aux quatre pôles du pulsionnel, en se situant dans le système lui-même, à telle ou telle position, qu'on peut dégager le patient des blocages auxquels inconsciemment il se prête.

ROUVRIR L'« OUTRE D'ÉOLE »

J'ai dit en commençant que l'objectif d'une thérapie devait être de restaurer le pulsionnel quel qu'il soit, et de faire en sorte qu'il redevienne un moyen d'accès à l'universel. J'ajoute maintenant qu'il est aussi de faire en sorte que ce pulsionnel redevienne multiple, mouvant, changeant de telle façon que nous puissions en tirer parti de toutes les façons possibles. Les plaisirs pulsionnels sont des plaisirs d'un moment, d'un lieu du corps, d'une sensation : ce sont des feux follets. L'enfant n'en a pas peur, il passe d'un plaisir partiel à l'autre avec une souplesse stupéfiante. Or l'un des buts de la thérapie est de réinvestir ce pulsionnel infantile, ou de revenir à l'enfance du pulsionnel. Nous le redoutons comme nous redoutons de vivre à tous vents, mais cela fait partie des exigences qui sont en nous.

C'est exactement l'inverse de ce que fait le pervers. Lui centre tout sur un plaisir partiel, une pulsion, avec un maître ou un esclave, et il organise tous ses plaisirs dans ce circuit étroit qui devient mortifère : c'est du centralisme antidémocratique. Tous nos symptômes vont dans la même direction. Alors qu'il est possible de revenir à l'éparpillement, au plaisir de l'instant, des divers lieux du corps sous leurs divers aspects.

C'est un peu à cela qu'on assiste chez les vieillards qui ont rompu toute attache passionnelle : ils réinvestissent le plaisir tactile, anal, oral, urétral des origines avec une désinvolture qui nous déroute quelquefois : ce sont des manœuvres de retardement du pulsionnel face à la mort. Les travaux actuels sur la vieillesse mettent souvent l'accent sur les risques de désocialisation, de perte des idéaux, des références éthiques et culturelles. Mais le réinvestissement de plaisirs plus anciens n'est pas nécessairement un mal. Sans doute est-il possible de faire la même chose dans la vie quotidienne, dans l'analyse, sans tomber dans le gâtisme ou le délabrement.

18. Restaurer et intérioriser la fonction thérapeutique

QUAND LE PULSIONNEL SE FAIT DÉMONIAQUE

Les exigences du pulsionnel ne connaissent pas de bornes : à partir du moment où le thérapeute accepte de s'y laisser prendre sans défense et au-delà de l'idéalisation, il s'expose à des mésaventures peu communes, surtout avec certains sujets. C'est le moment où on apprécie le plus de pouvoir compter sur un cadre et un contrat solides, car le dispositif pulsionnel en tant que tel est extrêmement envahissant et profite de la première occasion pour déborder. Pris dans ces moments d'excès, l'analyste a parfois l'impression d'une véritable descente aux enfers. À propos du psychotique, Searles a parlé d'un « effort pour rendre l'autre fou ». Néanmoins les psychotiques ne sont pas les seuls à déployer de tels efforts, tant s'en faut, et il faut se préparer à en déjouer les effets, car cela donne lieu à des crises extrêmement éprouvantes, dont la fécondité, qui n'est jamais assurée d'avance, ne peut apparaître qu'après coup.

Il est difficile d'évoquer cette évolution sans en passer par des témoignages personnels, car on est toujours dans l'inédit, le non généralisable. J'ai déjà rapporté l'aventure survenue vers la fin d'une analyse que j'effectuais sous contrôle[13] : le patient m'a annoncé un jour qu'il avait déménagé, et lorsque le moment est venu de me donner sa nouvelle adresse je me suis aperçu qu'il allait habiter à deux pas de l'endroit où se situait le cabinet de l'analyste contrôleur chez lequel je me rendais chaque semaine pour parler de cette cure. Je me suis trouvé effectuer en sens inverse le trajet qu'il faisait lui-même pour venir à ses séances. Avec chaque fois l'inquiétude de me retrouver nez à nez avec lui. Cette analyse était dominée par du pulsionnel visuel, et il s'est avéré que c'était sa façon à lui de manifester le désir de s'approprier le « regard » auquel je me référais en dernier ressort, avant d'envisager la fin de son analyse. Ce qui s'est fait dans les mois qui ont suivi. Qu'on ne me demande pas comment il a perçu l'existence et le lieu de ce « regard » : bien des années après les événements je suis toujours aussi démuni pour apporter une parcelle d'explication. Tout me donne à penser que cela n'a pas été fortuit, et que le dispositif pulsionnel en action s'est servi de cet événement pour atteindre son but, en m'ayant mis préalablement à l'épreuve et à contribution. Ce type d'expérience est déjà assez désorientant, inquiétant même, mais il en est d'autres qui le sont plus encore. Ainsi avec Madame Bertrand, dont j'ai parlé précédemment.

Quelques semaines après les événements dont il a été question, on en arrive à une période où les « ponts » ou les « petites vacances » de mai et juin se succèdent. L'analyste s'absente donc de façon répétée. À la première reprise, Madame B. arrive dans un état assez pitoyable : au cours du week-end précédent, une douleur s'est déclarée au coude droit, une douleur aiguë accompagnée de manifestations inflammatoires qui l'empêchent de dormir. Cette douleur est l'occasion de plaintes, car elle n'y comprend rien, ce qui la déprime, la désespère. Le simple fait d'en parler provoque un certain apaisement et il n'en est plus question au cours des séances suivantes. Suit une autre interruption provoquée par une fête légale : cette fois, elle arrive le bras gonflé, dans un état pitoyable. Il semblerait que la source douloureuse de la semaine précédente se soit transformée en un véritable foyer d'infection. Et cela empire au cours des jours suivants, malgré les antibiotiques, les soins intensifs, au point qu'il faut l'hospitaliser d'urgence et l'opérer pour extraire une quantité incroyable de pus.

Il est beaucoup question de cette infection mystérieuse et de ses suites au cours des séances qui ont lieu avant et après l'opération [14], sans que Madame Bertrand arrive à dire autre chose que l'immense détresse qu'elle a ressentie : elle a cru être atteinte du sida, elle a pensé qu'elle allait mourir d'une septicémie aux moments les plus cruciaux, etc. Pourtant, son passage par l'hôpital lui a rappelé une réflexion qu'elle aurait eue étant petite fille et qui faisait beaucoup rire son entourage. Quand sa mère lui demandait ce qu'elle souhaitait faire quand elle serait grande, elle répondait : « Je veux être docteur. – Pourquoi ? – Pour pouvoir te faire des piqûres. » Et voilà qu'une autre occurrence légale entraîne une interruption dans les séances, provoquant une inquiétude bien légitime : que va-t-il encore arriver ? De fait, à la reprise de l'analyse, Madame Bertrand raconte que cela a encore failli tourner mal : elle s'est réveillée une nuit avec une douleur lancinante, au genou cette fois ! Le matin venu, elle pouvait à peine marcher, elle s'est traînée tant bien que mal jusqu'à l'hôpital où on l'avait opérée précédemment pour se faire examiner. Le chirurgien a été formel : elle avait un kyste qui entravait le fonctionnement du ménisque, il fallait l'opérer d'urgence. Heureusement, le peu qui s'était dit au cours des séances précédentes avait suffi à la rendre prudente, elle a demandé qu'on lui prescrive des analgésiques pour lui laisser le temps de prendre sa décision. Elle a encore eu mal quelques jours par la suite, et puis cela a totalement disparu.

Au cours de la séance et dans le fil de ses associations, cet incident lui en rappelle tout à coup un autre, complètement oublié jusque-là, et qui remonte à ses vingt ans : elle était étudiante, s'était liée avec un garçon, et venait de se retrouver enceinte. Compte tenu de la situation, elle avait décidé d'avorter. La veille du jour où elle devait se présenter à la clinique, elle est tombée dans un escalier et s'est abîmé le même genou que celui qui lui fait mal en ce moment. Elle est allée à la clinique et le chirurgien lui a fait exactement le même diagnostic que cette fois-ci : il y avait un kyste, il fallait opérer. Elle s'est contentée de se faire avorter et la douleur a disparu.

Dès lors, les choses se sont enfin éclaircies : d'abord en ce qui concerne l'*objet du litige* entre sa mère et elle, jamais vraiment élucidé jusque-là. Elle a pris conscience que sa mère avait effectivement voulu avorter quand elle avait été enceinte d'elle, et que c'est seulement la peur des conséquences qui l'avait arrêtée. Cela, qui n'est pas un fait de mémoire mais un vécu inscrit dans les fibres, dans le corps, Madame Bertrand ne pouvait s'en souvenir qu'en le rejouant dans son propre corps : d'abord en avortant elle-même, autrement dit en faisant ce que sa mère avait voulu faire, mais aussi en rejouant la sortie d'un kyste, d'une poche de pus, pour signifier ce qu'elle était à ses yeux pour sa mère. La petite phrase « piquante » de son enfance en disait long sur le savoir qu'elle portait en elle à son insu : en disant qu'elle voudrait être docteur pour « piquer » sa mère, n'était-ce pas une façon de faire endurer à sa mère ce que celle-ci aurait bien aimé faire pour se débarrasser d'elle dès avant sa naissance ?

Restait à savoir pourquoi elle souffrait ainsi des articulations. Bien sûr, le souvenir de la chute dans l'escalier apportait un premier éclaircissement. Mais je supposais qu'un autre facteur était intervenu, qui ne pouvait que me concerner directement, tant ces passages à l'acte avaient été violents aussi à mon endroit. J'ai pris conscience à ce moment que cette femme portait le même prénom que ma propre mère, décédée des suites d'une crise de rhumatisme articulaire aigu, et qu'elle me rappelait certains moments cruciaux dans l'évolution de cette maladie. Elle utilisait donc inconsciemment une personne qui m'était chère pour souffrir là où elle avait souffert, et me toucher d'autant plus que cela ravivait mon impuissance autant que mon intérêt pour l'une des personnes qui ont le plus compté dans ma vie. C'était aussi un « regard » qu'elle cherchait à s'approprier. Elle ne se contentait donc pas d'introjecter l'analyste, elle s'emparait de l'image de sa mère, supposée être une bonne mère, pour renaître dans d'autres conditions. En tout cas, lors des interruptions qui ont eu lieu ensuite, elle a réagi d'une tout autre façon, qui s'apparente davantage à celles que je vais décrire dans un instant, et ces manifestations intempestives et dangereuses ont disparu.

Ainsi, au fur et à mesure que la pulsion se fait changeante, sa poussée se fait de plus en plus inquiétante, de plus en plus régressive : il y a quelque chose de démoniaque dans le pulsionnel, quelque chose de fou, d'excessif, au point qu'on se demande parfois jusqu'où elle peut aller. Il ne suffit pas d'être attentif au message en retour et de l'interpréter, il faut aussi se préparer à subir le choc répété de violences primordiales apparemment sans raison d'être, dont les effets peuvent être catastrophiques sur le patient comme sur le thérapeute. C'est l'aspect le plus inquiétant de la relation thérapeutique, mais le plus fructueux aussi, car si le patient prend de grands risques, va jusqu'au bout de l'expression de ses angoisses, il ne le fait pas seul : il chemine avec l'analyste, de concert avec ce qu'il a saisi en lui à son insu et qui lui permet d'aller aussi loin. Cela signifie aussi qu'il ne cherche pas seulement à guérir une fois pour toutes mais plutôt à renaître, à revivre, en reconstituant des conditions plus favorables à partir du contexte psychique actuel.

IL N'EST PAS DE MEILLEUR MÉDECIN QUE SOI-MÊME

Compte tenu de la difficulté du cheminement précédent, il est capital d'avoir clairement à l'esprit où il mène : quoi que l'on pense sur l'instant, de tels moments paroxystiques ne sont pas faits pour durer, ce sont des crises nécessaires, des moments de passage, et si le cadre et le dispositif ont résisté à leurs assauts il n'y a aucune raison pour que cela ne débouche pas sur un fonctionnement différent, celui précisément que vise la thérapie analytique. Le but que poursuit en effet le thérapeute n'est pas seulement de guérir, de pousser à bout les mouvements pulsionnels en s'y laissant aspirer avec tout ce que l'on représente, *il est de faire en sorte que le patient profite de cette intériorisation pour devenir son propre thérapeute, ou plus exactement pour restaurer les capacités thérapeutiques dont il dispose à son insu.* Il ne suffit donc pas de rendre au patient la libre disposition de potentialités pulsionnelles plus ou moins bloquées en lui : il faut viser à ce qu'il soit désormais à même de surmonter les blocages lui-même. Qu'il devienne son propre thérapeute, son propre écoutant, en profitant de toutes les relations qui s'offrent à lui pour faire circuler les messages qui l'habitent. L'un des secrets de l'effet placebo est probablement là : la simple évocation d'un remède suffit chez beaucoup à réactiver les capacités thérapeutiques dont ils sont inconsciemment dotés. Pour illustrer cet objectif, je reviens sur un moment fécond de l'analyse de Madame Irène dont j'ai rapporté un rêve précédemment.

Cela se passe aussi à la suite d'une interruption provoquée par des fêtes légales [15]. Madame Irène a repris son travail quelques jours avant cette interruption, et elle doit faire face aux nombreuses frustrations qui en résultent. En même temps elle dit souffrir de véritables obsessions comme elle n'en avait pas connues depuis fort longtemps : elle ne cesse de penser à une enseignante dont elle a été passionnément amoureuse quelques mois auparavant, qui est définitivement partie et dont elle ne supporte pas l'absence. Cette pensée la tourmente au point qu'elle est parfois à nouveau au bord du passage à l'acte et éprouve l'impression qu'elle ne va pas survivre. Comment se passera l'interruption des vacances ? L'analyste a tout lieu de se le demander.

Quand il la revoit la semaine suivante, c'est plutôt une bonne surprise : Madame Irène a repris le travail et se dit en pleine forme. Ce qui ne veut pas dire que tout se soit déroulé sans problèmes. Quand elle s'est retrouvée toute seule chez elle après notre dernière séance, elle a d'abord cru qu'elle allait devenir folle tant ses désirs passionnels l'obsédaient. Tant et si bien que le soir, elle a fait ce qu'elle se refuse le plus souvent : elle est sortie pour voir plusieurs films à la suite, des films policiers de préférence, dans lesquels elle s'est littéralement noyée. Rentrée chez elle, elle a sombré dans un sommeil profond, et au cours de la nuit elle a eu selon ses propres termes « un rêve thérapeutique ». Dans ce rêve, elle fait une rencontre amoureuse avec une jeune femme qui ressemble beaucoup à l'enseignante qui l'a quittée et qui porte le même prénom : cela donne lieu à bien des péripéties, où interviennent en particulier les amies précédentes de sa nouvelle conquête, mais au bout du compte c'est leur union à elles deux qui prévaut. Le lendemain matin, elle s'est réveillée détendue comme elle ne l'avait pas été depuis des semaines, et depuis elle se sent profondément apaisée.

Que le transfert avec l'analyste absent ne soit pas pour rien dans l'apparition de ce rêve, c'est évident : le plaisir qu'elle a pris à lui raconter ce rêve en est la meilleure preuve. Pourtant, cette fois la patiente ne se limite pas à utiliser sa disponibilité et des éléments de sa vie ou de son histoire, elle intègre et met en jeu véritablement sa fonction thérapeutique. Elle se soigne elle-même de son obsession, à partir de son propre fonctionnement psychique, dans l'évasion imaginaire, dans ses rêves. Autrement dit elle pousse à bout le besoin impérieux qui l'oblige depuis quelques semaines à fantasmer une rencontre merveilleuse, elle met à contribution tous les moyens dont elle dispose et elle les mène de son propre chef jusqu'à leur plein accomplissement. En vivant son désir dans un rêve, elle éprouve en effet une satisfaction encore plus grande que celle qu'elle aurait pu se produire dans la réalité, et elle peut signifier le contenu de ces désirs répétitifs et obsédants en associant à partir de signifiants qui lui sont propres.

Il n'est pas de meilleur médecin que soi-même, il y a bien longtemps que la sagesse populaire le répète à l'envi dans toutes les langues et à tous propos. Quand un patient est enfermé dans un symptôme, qu'il s'enlise dans des manifestations pulsionnelles intempestives et encombrantes, c'est parce qu'il s'est privé de ses potentialités thérapeutiques, ou plus exactement parce qu'il les a projetées en l'autre et qu'il est convaincu de les avoir perdues à tout jamais. Le sida est probablement la meilleure illustration de ce phénomène largement répandu qui veut que nous soyons démunis de tout moyen de réagir correctement aux agressions venues de l'extérieur.

Il est d'autant plus important d'être attentif à cet aspect des choses que cette perte ou ce renoncement sont à l'origine de l'aliénation la plus dangereuse qui puisse être pour chaque sujet humain. La caste des guérisseurs est vieille comme le monde, elle a souvent profité de ses prérogatives pour imposer aux autres ses façons de voir ou de penser, nous l'avons constaté en parlant des phénomènes d'idéalisation. Mais le plus grave c'est qu'elle risque de priver l'homme de l'une de ses richesses intérieures les plus étonnantes et les plus ignorées.

C'EST TOUJOURS LA RELATION QUI GUÉRIT

Une chose ressort en tout cas avec insistance de cet abord par le pulsionnel : la guérison n'est pas le fruit de telle ou telle manœuvre, de telle ou telle interprétation géniale, d'un produit, d'un système ; ce ne sont là que des moyens, des artifices, des auxiliaires. *C'est la relation thérapeutique en tant que telle qui entraîne la guérison,* dans la mesure où le patient en prend peu à peu le contrôle et la maîtrise, dans la mesure aussi où celui qui se place en position de thérapeute se prête progressivement au jeu des mouvements pulsionnels.

Ceux-ci se vivent au plus près de la vie intérieure, du vécu psychique, ils prennent l'allure de véritables corps à corps pulsionnels, l'un trouvant en l'autre la matière nécessaire pour aller jusqu'au bout de ses exigences les plus méconnues. Les fameuses règles d'abstinence, de discrétion, de neutralité n'ont de sens que dans la mesure où elles permettent en retour une explosion des désirs les plus crus et les plus réalistes. Quand Freud estime que l'homme souffre essentiellement des frustrations que lui impose la vie en société, il oublie de préciser qu'il s'agit essentiellement des frustrations imposées aux pulsions, que c'est plus souvent le sujet qui se les impose lui-même, et que la société offre aussi des moyens dérivés de plus en plus nombreux pour les vivre dans l'extériorité : jeux, moyens vidéo, cinéma, musique, etc. Le vrai problème est plutôt de faire en sorte que l'homme renonce à l'état d'enfance, où ses parents étaient chargés de faire aboutir ses désirs inconscients, qu'il dépasse la visée narcissique qui le hante, pour les prendre en charge et pour les assumer lui-même jusqu'en leurs dernières exigences.

POUR CONCLURE

Toute relation thérapeutique a ses limites

DES LIMITES IMPOSÉES PAR LA RÉALITÉ

Le plus grand risque qui menace la relation thérapeutique, quelles qu'en soient les modalités, est qu'elle se prenne au sérieux et cède à l'idéal de toute-puissance. Du côté du thérapeute comme du côté du patient. Pas consciemment, bien sûr – encore que cela arrive – mais ne serait-ce que par mesure de défense, pour ne pas regarder en face notre dépendance radicale par rapport aux processus inconscients et notre fragilité. Certes il est des relations thérapeutiques plus efficaces que d'autres, pourtant on aurait tort d'oublier qu'elles sont toujours le fruit d'un très grand nombre de contingences et qu'elles sont constamment menacées.

Parlons d'abord de ses limites externes. Nous avons souligné au départ qu'il n'y avait pas de thérapie possible sans la mise en place d'un cadre et d'un contrat. Ceux-ci constituent aussi des limites. Le *cadre* oblige à accepter les exiguïtés d'un lieu, sa signification, sa disposition propre : il ne manque pas de patients qui ne reviennent pas deux fois à tel rendez-vous donné, uniquement parce que le lieu ne convient pas à leur expression propre. C'est un aspect qui est trop souvent négligé dans les institutions. Je connais un dispensaire qui a fait un jour l'effort de restaurer à neuf ses locaux, de telle façon qu'il sont devenus insupportables à toute une catégorie de patients. Plus d'un analyste est étonné de ce qu'un autre leur soit préféré, du simple fait que la décoration de son cabinet met ses patients mal à l'aise. Que dire alors quand on entre dans des considérations plus concrètes : choix de tel mode d'action thérapeutique, de tel appareillage, etc.

Quant au *contrat,* c'est une autre source de limites car il filtre impitoyablement les candidats : le nombre des séances, leur durée, le prix à payer représentent autant d'entraves encombrantes. En ce sens il paraît excessif que l'analyse impose partout et toujours les mêmes normes selon les desiderata des instances psychanalytiques internationales. C'est le plus sûr moyen d'opérer un tri entre les différents types de patients et donc de ne plus envisager les productions de l'inconscient qu'à partir de certaines relations socialement codifiées. J'entendais récemment un analyste chevronné et reconnu s'étonner d'un témoignage rapporté par l'un de ses confrères : « Je n'ai jamais ce type de patient », disait-il. Il suffisait de connaître son standing et ses exigences pour comprendre pourquoi !

Reste que ces limites n'ont de raison d'être et d'intérêt qu'en fonction du *dispositif* pulsionnel lui-même, dont on a vu le rôle considérable dans l'évolution du processus thérapeutique. Il est bien rare qu'il se manifeste dès les premiers entretiens. Pour qu'il entre vraiment en jeu, il faut que les obligations résultant du cadre ou du contrat pèsent de tout leur poids, et elles sont innombrables : le paiement, le fait d'avoir à prendre sur son temps, ses loisirs, ses relations, l'obligation de surmonter les impératifs de pudeur, de réserve, de garder ses distances avec le thérapeute

– tous ces facteurs jouent un rôle capital. Sous leur pression, les pulsions sadiques anales, masochistes, visuelles entrent peu à peu dans le jeu de l'analyse et se donnent libre cours. Les frustrations et les obligations qui les accompagnent réveillent les angoisses, sollicitent les pulsions, et lorsqu'elles se manifestent l'analysant s'aperçoit à son grand étonnement que c'est bien lui qui mène le jeu, par leur intermédiaire.

LE DÉSIR DE L'ANALYSANT ET SA DEMANDE

Tout le problème, avons-nous dit précédemment, est que le patient puisse formuler une véritable demande, et que celle-ci mobilise un véritable désir élaboré dans son rapport à l'autre. Concrètement, qu'est-ce que cela veut dire ? Eh bien d'abord qu'on ne peut pas se contenter de demandes floues, vagues, sans contenu réel comme on en entend de plus en plus souvent aujourd'hui : « Je voudrais faire une thérapie » ou « J'aimerais faire une analyse. » « Je sens que ça ne va pas bien, que je suis mal dans ma peau. » « On m'a dit de faire une thérapie. » « Mon ami en a fait une et en a tiré grand profit. » Pour le thérapeute en mal de clientèle, ce genre de demande arrive comme du pain bénit, et il se gardera bien de chercher plus avant. Il risque cependant de le payer très cher : s'il n'y a pas de limites dans la demande de départ, il n'y en aura pas davantage dans les exigences ultérieures.

Il y a donc lieu de vérifier s'il existe une véritable demande, sous-tendue par une douleur ou une souffrance précise et bien localisée. Sans cela, il n'y a pas de thérapie possible. Il faut parfois beaucoup de temps à certains patients pour qu'ils parviennent à localiser leur problème et à le dire. Tant qu'ils n'y parviennent pas, mieux vaut se garder de mettre en place un projet trop précis. En revanche, dès qu'ils y parviennent, un grand pas a été franchi. J'irai même plus loin : si cette souffrance ou cette douleur ne s'expriment pas dans le lieu, avec le thérapeute, si elles ne viennent pas parler d'une façon ou d'une autre sous la forme d'un rêve, d'un symptôme, d'une angoisse, il sera bien difficile d'entamer un travail.

Pourquoi cette exigence ? Parce que la pulsion commande le sujet, ce n'est pas lui qui la commande. Tant qu'elle ne pointe pas le bout du nez d'une façon ou d'une autre, tant qu'elle ne se manifeste pas, qu'elle n'est pas vraiment de la partie, il ne se passera rien d'autre que des conversations de salon sans aucun intérêt. Or rien de tel pour l'analyste que de formuler d'emblée certaines réserves, certaines exigences, pour la faire sortir de son antre et qu'un travail soit possible. On joue parfois à quitte ou double en agissant de la sorte, toutefois cela vaut mieux que de rester dans le flou et l'indétermination.

LE DÉSIR DU THÉRAPEUTE ET SES AMBIGUÏTÉS

Les limites les plus graves à la relation thérapeutique tiennent bien évidemment au thérapeute lui-même, et elles sont innombrables. On en a déjà envisagé plusieurs ; elles ressortissent généralement à ce qu'il est convenu d'appeler le contre-transfert. J'ai déjà eu l'occasion d'expliquer pourquoi je ne suis pas partisan de ce terme psychologisant, qui désigne surtout les mouvements réactifs de l'analyste aux demandes inconscientes du patient. Je préfère parler pour ma part de « transfert de l'un » répondant au « transfert de l'autre », même s'ils ont des significations très différentes. De même qu'il est essentiel que le patient investisse ses potentialités pulsionnelles s'il veut que la relation thérapeutique soit féconde, de même le thérapeute doit y mettre des siennes, et en particulier celles qui correspondent précisément à la fonction qui lui est dévolue. Or celles-ci peuvent autant être des obstacles que de véritables moteurs pour l'action thérapeutique.

Si on se met dans la position de thérapeute, c'est en effet parce qu'on est habité par ce que j'appellerai la « pulsion à soigner ou à guérir ». Je ne reviens pas sur toutes les réflexions faites autour de cette pulsion, que l'on considère à juste titre avec méfiance, ne serait-ce que parce qu'il s'agit d'une pulsion et qu'elle risque en tant que telle d'outrepasser ses limites. Son but premier est de restaurer des potentialités déjà présentes chez le patient lui-même, je l'ai dit et je n'y reviens pas. En attendant elle existe, et je ne connais pas de thérapeute ou d'analyste sérieux qui ne le manifestent pas d'une façon ou d'une autre, même s'ils n'en ont pas toujours conscience. Si elle constitue une limite à la relation thérapeutique, c'est quand même grâce à cette limite que la relation est féconde.

Cette pulsion comporte en réalité une double composante. La première et la plus critiquée consiste en ce que l'on pourrait appeler une pulsion à faire du bien, à apporter un mieux-être à autrui. Elle fait partie intégrante de nos tendances philanthropiques. Or la psychanalyse a montré que cette modalité pulsionnelle entre dans le cadre de ce qu'il est convenu d'appeler les « formations réactionnelles », au même titre que la pitié, la compassion, le souci d'entraide. En un mot et pour parler en termes un peu crus, *ce sont des formes déguisées de sadisme.* Freud s'en est aperçu à ses dépens à la suite de la mésaventure avec Emma dont j'ai parlé précédemment : en voulant la guérir à tout prix et par n'importe quel moyen, il a fini par provoquer une surenchère des symptômes en mettant la vie de la jeune femme en danger – de façon provisoire, bien entendu, et heureusement. Il n'en reste pas moins que Fliess et lui ont exercé sur la malheureuse un sadisme aveugle et dangereux dont l'oubli qui a marqué l'opération est la trace la plus évidente.

Est-ce évitable ? Faut-il, au nom de cette première composante, renoncer au désir en question ? Je ne suis pas du tout de cet avis. Que ce mouvement pulsionnel introduise une limite dans la relation thérapeutique, c'est un fait, et le thérapeute est obligé de se méfier à tout instant du sadisme inconscient qui l'anime. Il n'en reste pas moins que c'est aussi grâce à ce sadisme que le patient va retrouver à travers sa personne le séducteur originaire et se mesurer à lui en reconstituant un équivalent de la relation qui le fait achopper. Revenons à Emma : l'anecdote certes n'est pas glorieuse, et Freud en restera longtemps très affecté. Cela n'a pas empêché la jeune femme de poursuivre son travail analytique avec lui, jusqu'à devenir ensuite psychanalyste. On peut même se demander si ce n'est pas grâce à ce moment crucial, grâce à sa satisfaction de prendre le sadisme de l'autre à son propre piège et de le retourner contre lui pour sa plus grande confusion. De même pour Madame Bertrand : en vivant des moments douloureux, limites, elle a provoqué le sadisme inconscient de son analyste, un sadisme comparable à celui par lequel sa mère aurait voulu la faire disparaître, et elle l'a retourné contre cette femme et contre lui. C'est au moyen de cette manœuvre audacieuse, où elle a pris le sadisme de l'autre à la lettre, qu'elle est parvenue à faire pencher la balance en sa faveur.

L'autre composante du désir qui anime inconsciemment le thérapeute est plus subtile : il s'agit du désir de voir, de savoir, de découvrir ce qui se passe en l'autre, pour ainsi faire disparaître son mal. C'est un désir que nous portons tous en nous depuis les débuts de notre existence. Nous avons vu précédemment que ce désir de voir est précisément l'un des premiers à réagir à la séduction d'origine, et que le thérapeute est surtout là pour le ranimer chez son patient en lui rendant la foi en sa propre parole. On dit que Freud n'a jamais renoncé à ce désir de voir et de comprendre, et d'y associer ses patients, qu'il en a même fait son but unique pour la suite de son existence. J'ai eu l'occasion de montrer que cela n'a pas été sans produire un certain nombre de dégâts : chez les hystériques d'abord, dont il se sert souvent pour découvrir des hypothèses ou pour les prouver, et qui le lui rendent bien en lui ouvrant de fausses pistes ou en interrompant l'analyse avant terme ; chez des patients limites comme l'Homme aux loups, qui se sont transformés en véritables champs d'expérimentation toute leur vie aux dépens de leur existence propre.

Pourquoi ces achoppements que nous connaissons bien aujourd'hui ? Probablement parce que dans ces cas il existe chez le thérapeute un déséquilibre entre son désir de guérir et son désir de voir : quand ce dernier l'emporte, fût-ce en l'articulant à celui du patient, il est d'une violence inouïe et transforme le patient en « objet pour faire avancer la science », ce qui est la plus grande des illusions. Freud a souvent cédé à ce travers dans son travail pionnier. Mais on oublie parfois qu'il faut mettre son propre désir à la remorque de celui du patient tel qu'il s'exprime dans le symptôme. Comme pour la composante sadique, il ne s'agit donc pas d'y renoncer : il faut faire en sorte que le désir de voir du thérapeute vienne s'inscrire en appui, et bientôt en écho, au désir de voir et de savoir du patient. Que l'analyste accepte par avance d'être délogé de la position de celui qui sait tout pour l'autre, qui voit pour lui à sa place. Chaque fois qu'une thérapie commence, qu'il se comporte comme quelqu'un qui va se laisser guider, se laisser conduire pour ne découvrir que ce que l'autre voudra bien lui montrer. C'est de cette façon, et de cette façon seulement, que ce qui peut être, si l'on n'y prend pas garde, un obstacle, un contre-pouvoir, se transforme en un auxiliaire fidèle et efficace de l'action thérapeutique.

Quelles que soient les considérations précédentes, la véritable et ultime limite à la relation thérapeutique se situe dans le symptôme lui-même. D'abord au sens où en définitive c'est lui qui décide de la thérapie, et qu'il faut demeurer autant que possible dans le cadre qu'il définit, s'engager à fond sur le terrain qu'il nous propose si on veut qu'il évolue et se transforme dans les différents sens que nous avons envisagés. Ensuite au sens où il arrive parfois que le symptôme résiste à la relation au-delà de ce que l'on souhaite. N'oublions pas que c'est une pure invention du sujet, et qu'il constitue pour lui la meilleure garantie et la plus solide assurance qui soit pour faire face aux angoisses et aux surprises que lui réserve l'existence, intérieure ou sociale. C'est une manière de tirer bénéfice du pulsionnel lorsqu'il s'affirme sans prendre le risque d'être à nouveau à la merci de l'autre. Il n'y a donc rien d'étonnant ou de scandaleux s'il continue à faire obstacle à la relation thérapeutique. Il n'en reste pas moins que cette limite est pour le thérapeute son juge ultime, et qu'il ne faut pas se dérober aux avis qu'il lui rend, même s'ils ne lui font pas toujours plaisir. La relation thérapeutique, comme toute relation humaine, connaît et connaîtra toujours des échecs. Ils sont partie intégrante du pari engagé. Freud savait les reconnaître et il s'est toujours appuyé sur eux pour progresser. C'est probablement l'une des raisons des difficultés actuelles : compte tenu du climat de rivalité et de dénigrement qui règne un peu partout, personne ne veut prendre le risque d'exposer ses impasses et de les étudier avec d'autres. Heureusement, cela se fait dans le cadre de groupes plus restreints, et les patients en sont les vrais bénéficiaires.

NOTES

AVANT-PROPOS
Guérir en psychanalyse

1. On trouvera ce texte dans l'édition des *Œuvres*, Paris, Robert Laffont, coll. « Bouquins », 1993, t. 1, p. 1000.

2. La fameuse cure d'Anna O., de son vrai nom Bertha Pappenheim, au cours de laquelle Breuer a vu des symptômes disparaître grâce à la parole et à une relation dans laquelle il s'était profondément impliqué, s'est déroulée de décembre 1880 à juin 1882.

CHAPITRE PREMIER
La relation thérapeutique : histoire et fondements

1. Freud développe ceci dans la *Métapsychologie,* lorsqu'il étudie les polarités primitives (*Œuvres complètes*, Paris, PUF, t. XIII, 1989, p. 180), et Melanie Klein a beaucoup accentué cet aspect de sa théorie en parlant de la position schizo-paranoïde. Jean Laplanche lui donne une tout autre dimension avec sa théorie de la séduction généralisée (*Nouveaux Fondements pour la psychanalyse*, Paris, PUF, 1987).

2. Nous verrons que cela est inscrit dans l'étymologie, où relation vient du latin *referre*, « ramener au point de départ ». La démarche mentale attachée à ce mot part donc d'un ailleurs avant de revenir à soi.

3. On trouvera une rapide mise au point sur cette question

dans M. Djéribi, « Œil d'amour, œil d'envie », *Nouvelle Revue de psychanalyse,* 38, automne 1988, p. 99. D'un point de vue plus romanesque, plus humoristique aussi, on peut lire Ismaël Kadaré, *La Grande Muraille,* Paris, Fayard, 1993.

4. E. de Rosny, *Les Yeux de ma chèvre,* Paris, Plon, 1981, p. 98 ; H. F. Ellenberger, *À la découverte de l'inconscient,* Paris, Simep Éditions, 1974, p. 7.

5. On trouvera un autre exemple, plus dramatique, dans G. Bonnet, *Le Transfert dans la clinique psychanalytique,* Paris, PUF, 1991, p. 12. Les analystes feraient bien de méditer les réflexions des premiers hypnotiseurs qui, tel Deleuze, mettaient déjà en garde contre les séances trop fréquentes et les traitements trop prolongés.

6. La question est abordée par Jean Laplanche dans « Séduction, persécution, révélation », *Psychanalyse à l'université*, 18, 72, 1993, p. 3-34. F. Roustang déclare à propos de la façon d'envisager le psychisme à la fin du XIXe siècle : « C'est le triomphe de la paranoïa dont la psychanalyse est le grand représentant » (conférence École de propédeutique à la connaissance de l'inconscient, EPCI, 1993-1994).

7. Sur cette question du symptôme, je renvoie pour plus de détails au chapitre que j'ai consacré à cette question dans *Les Voies d'accès de l'inconscient,* Paris, Éditions universitaires, 1987, p. 97 et dans *Le Transfert..., op. cit.*

8. *Cf* M. Henry, *Généalogie de la psychanalyse*, Paris, PUF, 1985, en particulier les chapitres qu'il consacre à ces deux auteurs.

9. Friedrich Nietzsche, *Aurore, op. cit.*, p. 1000. L'auteur a publié cette œuvre en 1886, l'année où Freud rédigeait sa première étude sur l'hystérie. C'est moi qui souligne le dernier paragraphe.

10. « Des travaux classiques ont en effet montré que sur plus de mille patients souffrant d'une douleur sévère, des placebos pouvaient soulager au moins 50 % de la souffrance ressentie par 35 % des sujets. Mieux encore, dans certaines études cliniques récentes, l'effet placebo a été parfois ressenti chez 50 % des sujets » (J.-M. Besson, *La Douleur,* Paris, Odile Jacob, 1992, p. 169).

11. C'est en particulier le raisonnement qu'il déploie dans son intervention de 1910 au deuxième Congrès international de psychanalyse, à Nuremberg (S. Freud, *O.C., op. cit.*, X, p. 64). Il ajoute : « La suggestion de la société ne favorise-t-elle pas à présent les cures hydrothérapiques, diététiques et élec-

triques chez les nerveux, sans que ces mesures réussissent à venir à bout des névroses ? On verra bien si les traitements psychanalytiques sont en mesure d'être plus performants » (p. 69).

12. Ce qui bien sûr ne peut que faire sourire quand on sait que Moreno, le fondateur du psychodrame, fait explicitement référence à l'hypnose et que les techniques de groupe sont bien évidemment marquées des mêmes origines.

13. S. Freud, *La Technique psychanalytique,* Paris, PUF, 1978, p. 12.

14. Ce qui suppose bien évidemment une thérapie plus directe et plus active dans un premier temps (S. Freud, *O.C.*, X, *op. cit.*, p. 67).

15. S. Freud, *La Technique psychanalytique, op. cit.*, p. 139.

16. Le trompe-l'œil le plus saisissant qu'il m'ait été donné d'analyser, c'est bien entendu le fameux chapiteau de sainte Eugénie, à Vézelay. *Cf* G. Bonnet, *Voir être vu,* t. II, Paris, PUF, 1981. Je signale que le tableau le plus représentatif de l'exposition du Grand Palais donnait à voir une perceuse, instrument phallique s'il en est, avec une précision stupéfiante.

17. Il n'est pas anodin que le trompe-l'œil revienne à la mode et occupe le devant de la scène à une époque où les valeurs de référence vacillent.

18. G. Bonnet, « Les troubles de la sexualité », monographies de la *Revue française de psychanalyse,* 1993, p. 9-46.

19. Pour la définition des termes « processus primaire » et « travail du rêve », on se reportera au *Vocabulaire de la psychanalyse* de Laplanche et Pontalis (Paris, PUF, 1997). *Cf* aussi G. Bonnet, *Voir être vu, op. cit.*, t. II, p. 58 sur « Le travail du rêve ».

20. *In Psychanalyse à l'université*, 15, 57, 1990, p. 75-93.

21. S. Freud, *O.C., op. cit.*, t. XIII, p. 173.

22. J'ai longuement analysé ce processus dans le chapitre « Pervers en analyse », *in Voir être vu, op. cit.*

23. Sur la dynamique de renversement inscrite dans le symptôme et les problèmes qu'elle pose, on peut se reporter à mon article : « Séduction, symptôme et conversion », *Cahiers de l'IPPC,* 9, avril 1989, p. 89-102, et à mon livre *Le Transfert..., op. cit.*, p. 33.

24. Dans la monographie déjà citée sur « Les troubles de la sexualité » et dans la revue *Dialogue,* septembre 1993.

25. Certains auteurs proposent de distinguer pour cela le

moi et le soi, ce dernier étant le protagoniste de la relation et le premier son régulateur. *Cf* F. Dumesnil, *Le Traitement relationnel,* Paris, PUF, 1993, p. 29 *sq.*

26. G. Bonnet, *Le Transfert..., op. cit.*, p. 26.

27. L'une d'entre d'eux signalait que dans l'hôpital où elle travaille et qui reçoit des enfants très gravement atteints, il n'est pas rare que la simple demande de baptême par la famille soit suivie d'une amélioration étonnante.

28. C'est un point que j'ai expliqué dans le dernier chapitre des *Perversions sexuelles, op. cit.*

29. Il en est surtout question de façon approfondie dans G. Bonnet, *La Violence du voir,* Paris, PUF, 1997.

30. *In O.C., op. cit.*, t. X, p. 63.

31. « L'ethnologue allemand Adolph Bastian (1826-1905) fut l'un des premiers chercheurs à comprendre l'intérêt scientifique des méthodes de guérison primitive » (H. F. Ellenberger, *À la découverte de l'inconscient,* Paris, Simep Éditions, 1974, p. 5).

32. « À Madagascar, on rencontre la possession par l'esprit d'un ancêtre sous la forme cérémonielle du culte tromba » (H. F. Ellenberger, *op. cit.*, p. 14).

33. « En Sibérie, la cure ne peut être menée à bien que par un chaman, c'est-à-dire un homme qu'une longue initiation a familiarisé avec le monde des esprits et qui est capable, par conséquent, de jouer le rôle de médiateur entre ce monde-là et le monde des vivants » (H. F. Ellenberger, *op. cit.*, p. 7).

34. E. de Rosny, *Les Yeux de ma chèvre, op. cit.*

35. T. Nathan, « Oro Lè, la puissance de la parole », *Revue française de psychanalyse,* 3, 1993, p. 787.

36. *Cf Tabous, Nouvelle Revue d'ethnopsychiatrie,* 14, 1990. *Cf* aussi H. F. Ellenberger, *À la découverte de l'inconscient, op. cit.*, p. 21.

37. H. F. Ellenberger, *À la découverte de l'inconscient, op. cit.*, p. 34 *sq.*, et G. Bonnet, *Les Perversions sexuelles, op. cit.*, p. 15.

38. O. Husson, « Suggestion et incubation dans les temples grecs », *Frénésie,* 8, automne 1989, p. 9 *sq.*

39. H. F. Ellenberger parle de « psychothérapie philosophique » et montre que chaque grande école ou tradition visait à soigner l'âme d'une manière qui lui était propre (*À la découverte de l'inconscient, op. cit.*, p. 35 *sq.*).

40. Il suffit de relire le livre des psaumes dans la Bible

pour constater qu'un grand nombre d'entre eux sont rédigés à l'usage de malades suppliant Dieu de leur rendre la santé.

41. *À la découverte de l'inconscient, op. cit.*, p. 45 et tout le chapitre qui suit. *Cf* aussi R. Roussillon, *Du baquet de Mesmer au « baquet » de Freud,* Paris, PUF, 1993, p. 35 *sq.*, et J. Carroy, *Hypnose, suggestion et psychologie,* Paris, PUF, 1991.

42. H. F. Ellenberger, *À la découverte de l'inconscient, op. cit.*, p. 57.

43. Dans son ouvrage *Influence,* Paris, Éditions de Minuit, 1980, p. 67 *sq.*

44. Cet aspect de l'action magnétique est bien mis en lumière par R. Roussillon, *Du baquet de Mesmer au « baquet » de Freud, op. cit.*, p. 36 *sq.*

45. H. F. Ellenberger, *À la découverte de l'inconscient, op. cit.,* p. 63.

46. J. Carroy, *Hypnose, suggestion et psychologie, l'invention du sujet, op. cit.*

47. R. Roussillon, *Du baquet de Mesmer au « baquet » de Freud, op. cit.* Les chiffres donnés entres parenthèses dans la suite du texte renvoient à son livre.

48. Le rôle de Maine de Biran est particulièrement bien souligné par F. Roustang, *op. cit.* et par M. Neyraut, dont le livre retrace rapidement l'historique des précurseurs de la psychanalyse (*Le Transfert. Étude psychanalytique*, Paris, PUF, 1974, p. 99 *sq.*).

49. Paris, Masson, 1866.

50. Que Janet va accentuer en parlant de dissociation.

51. F. Duyckaerts, *Joseph Delbœuf, philosophe et hypnotiseur,* Paris, Synthélabo, 1992.

CHAPITRE II
Les stratégies du moi

1. I, 1, 1927. Ce texte a été repris dans Marie Bonaparte, *Psychanalyse et anthropologie,* Paris, PUF, 1952. On trouvera un bon résumé et un commentaire dans J. Lanouzière, « Madame Lefebvre et le sein », *Psychanalyse à l'université,* octobre 1993, p. 93-115.

2. J. Lacan, *De la psychose paranoïaque dans ses rapports avec la personnalité*, Paris, Le Seuil, 1975.

3. G. Bonnet, « Psychanalyse d'un meurtrier », *Psychanalyse à l'université,* 42 et 43, 1986.

4. *Cf* à ce propos Freud, « Pourquoi la guerre », *in Résultats, idées, problèmes*, Paris, PUF, 1985, en part. p. 208. Freud présente bien la pulsion de destruction comme l'une des sources de la poussée guerrière, mais il ne l'envisage pas – et pour cause – comme une réponse à la séduction initiale. Je souligne au passage ce regain d'intérêt pour les meurtres pathologiques juste avant que n'éclate la guerre la plus meurtrière de ce siècle.

5. Dans son ouvrage sur *Le Sacrifice* (Paris, PUF, 1987), Guy Rosolato a montré que la mort du Christ remplace la mort de Dieu lui-même. De fait, ce qui est visé et mis en cause, c'est la relation créatrice, celle qui fait devenir homme, afin que ce qu'elle a de destructeur puisse se métamorphoser et devenir vivifiant. Dans les manuscrits du XVIe siècle en France, il est intéressant de noter que très souvent la représentation de la crucifixion fait face à une représentation du Père et de la Trinité.

6. Lorsque les aînés peuvent exprimer leurs griefs à propos de leurs puînés, ils soulignent très souvent que la mère gâte trop l'enfant, qu'elle ne se rend pas compte du mal qu'elle leur fait.

7. Dans son article sur la construction en analyse, Freud donne pour exemple d'interprétation celle qui consiste à rappeler la jalousie ressentie dans l'enfance ; c'est devenu l'une des interprétations types en psychanalyse. Dans le contexte que je viens de reconstituer, il s'agit moins de jalousie que d'une véritable réaction en retour que l'enfant adresse à une scène où il se voit lui-même tel qu'il a été en la personne de l'enfant qui le suit.

8. M. de M'Uzan a publié un article consacré à l'interprétation où il signale que la patiente dont il parle, et qui a surmonté son délire grâce à l'analyse, est décédée quelque temps plus tard d'un cancer : « À sa manière, ma patiente cherchait à me faire comprendre quelque chose d'essentiel, et je crains de ne l'avoir pas toujours suivie » (« L'indice de certitude », *Nouvelle Revue de psychanalyse*, 48, 1998, p. 190).

9. Outre les deux cas que je vais rappeler ici, il en est question dans « L'hystérique et l'institution », *Psychiatrie*, 4, 1976, p. 37, où une réelle tentative de suicide a eu lieu après une interprétation particulièrement éclairante, et dans *La Violence du voir*, à propos du « rêve au rétroviseur », où un acci-

dent a failli coûter réellement la vie à un patient dans une phase de l'analyse qu'il supportait très mal.

10. « Le voir en psychanalyse », *Psychanalyse à l'université*, 13, 50, 1988.

11. Le compte rendu de cette analyse a été publié dans « Le passage à l'acte dans l'hystérie », *Actualités psychiatriques*, 8, octobre 1984, p. 28.

12. Dans l'article que j'ai consacré à Christine, j'ai beaucoup souligné cette tendance agressive et projective, inscrite dans la logique du suicide (*cf* « Le voir en psychanalyse », *op. cit.*).

13. Ce fragment est cité par J. Brun dans *Héraclite,* Paris, Seghers, 1969, p. 145.

14. En particulier F. Dumesnil, *Le Traitement relationnel,* Paris, PUF, 1993, p. 50 *sq.*

15. S. Freud, « Pour introduire le narcissisme », *in La Vie sexuelle,* Paris, PUF, 1969, p. 89. Il faut relire toute cette page, qui décrit admirablement la réaction que je reprends ici rapidement.

16. Freud en rappelle une autre bien connue : « Son âme se resserre au trou étroit de sa molaire », nous dit W. Busch à propos de la rage de dents du poète (*op. cit.*, p. 89).

17. Bertolucci est l'auteur d'un film intitulé précisément *La Stratégie de l'araignée,* où l'on s'aperçoit que le héros sur lequel se concentrait toute l'admiration des gens n'était en définitive qu'un imposteur.

18. Paris, Payot, 1996.

19. G. Flaubert, *Les Pensées,* Paris, Le Cherche-Midi, 1993.

20. Je l'ai fait par exemple dans *Le Transfert..., op. cit.*

21. *Trois Essais sur la théorie sexuelle*, Paris, Gallimard, 1987.

22. Freud, *Trois Essais..., op. cit.*, p. 165.

23. J. McDougall, « L'addiction à l'autre : réflexion sur les néo-sexualités et la sexualité addictive », monographies de la *Revue française de psychanalyse, Les Troubles de la sexualité,* décembre 1993, p. 139.

24. Pour n'en citer qu'une qui a fait date : Jacques Lansac, « De l'acharnement procréatique », *Le Monde*, 19 janvier 1994, p. 13.

25. Si étonnant que cela puisse paraître, il a fallu attendre le début du XXe siècle – et encore ! – pour que la physiologie et la signification de la sexualité humaine soient vraiment

établies. *Cf* en particulier T. Laqueur, *La Fabrique du sexe. Essai sur le corps et le genre en Occident,* Paris, Gallimard, 1990. L'auteur estime que Freud lui-même n'est pas complètement dégagé des façons de voir qui ont régné au cours des siècles précédents, y compris dans le monde médical.

26. Que l'on songe à l'empressement avec lequel certains patients se sont prêtés à des expériences prématurées, dans le cadre des transplantations par exemple. On dira que beaucoup d'entre eux n'avaient pas le choix, qu'ils tentaient le tout pour le tout et qu'ils « ont fait au moins avancer la science ». Il suffit de reprendre la question au cas par cas pour s'apercevoir que ce n'est pas aussi limpide, et que souvent les thérapeutes ont fait le jeu du « se tuer pour guérir » dont il a été question précédemment.

27. C'est ainsi que Dieu dit à Jérémie de demeurer sans enfants pour manifester dans sa chair la stérilité du peuple en état de péché (chapitre 16). Il est à noter que les femmes des trois grands ancêtres du peuple élu (Sara, Rebecca, Rachel) sont d'abord stériles, en filles d'Ève par qui le péché est entré dans le monde. La pensée biblique évolue à cet égard de façon très significative avec le temps. *Cf* X. Léon-Dufour, J. Duplacy et A. George (dir.), *Vocabulaire de théologie biblique,* Paris, Le Cerf, art. « Stérilité », 1991.

28. On sait depuis les travaux d'Ellenberger qu'il s'agit d'une légende, mais elle en dit long sur l'importance accordée à ce thème chez les premiers psychanalystes (*Cf* É. Roudinesco, *Histoire de la psychanalyse en France*, Paris, Ramsay, t. I, p. 31).

29. S. Faure-Pragier, *Les Bébés de l'inconscient*, Paris, PUF, 1997.

30. Cet exemple est le deuxième d'une série de trois cas concernant un désir de grossesse que j'ai rapportés dans mon livre *Le Transfert dans la clinique psychanalytique, op. cit.*, p. 161 *sq.*

31. En particulier G. Bonnet, « Le syndrome de Lasthénie de Ferjol », *in La Violence du voir, op. cit.*

Les tactiques idéales

1. *In* « Séduction, symptôme et conversion », *Cahiers de l'IPPC*, 9, avril 1989, p. 89-102.

2. J.-B. Pussin est un ancien garçon tanneur devenu gardien, puis responsable d'établissement psychiatrique. C'est lui qui démontre l'importance de la relation dans le traitement psychiatrique. Il influencera Pinel en ce sens (*cf* M. Caire, « Pussin avant Pinel », *L'Information psychiatrique*, 6, juillet 1993, p. 529 *sq.*).

3. « Les termes *faith healing* et *faith cure* faisaient alors partie en Angleterre du vocabulaire courant » (J.-M. Charcot, *La Foi qui guérit*, Paris, Macula, 1984, p. 122).

4. « Pour qu'elle trouve à s'exercer, il faut à la *faith healing* des sujets spéciaux et des maladies spéciales, de celles qui sont justiciables de l'influence que l'esprit possède sur le corps. Les hystériques possèdent un état mental éminemment favorable du développement de la *faith healing* car ils sont suggestibles au premier chef, soit que la suggestion s'exerce par des influences extérieures, soit surtout qu'ils puisent en eux-mêmes les éléments si puissants de l'autosuggestion... » (J.-M. Charcot, *ibid.*, p. 122).

5. *In Le Transfert..., op. cit.*, p. 195.

6. J. Lacan, *Le Séminaire,* livre XI, Paris, Le Seuil, 1973, p. 128.

7. Heiddeger distingue en effet l'énonciation qui est toujours mensongère de l'énoncé où se profile la vérité. Élisabeth Roudinesco a montré comment Lacan se réfère surtout au commentaire du fragment 50 d'Héraclite (É. Roudinesco, *Jacques Lacan,* Paris, Fayard, 1993, 301 *sq.*).

8. M. M. Chatel, « Sens ou effet de sens », *Littoral*, 39, février 1994, p. 7.

9. « Tabous », *Nouvelle Revue d'ethnopsychiatrie, op. cit.*

10. Pour tout ceci, je renvoie à mon article « Le tabou du toucher en psychanalyse », *Nouvelle Revue d'ethnopsychiatrie,* 14, 1989, p. 35-52.

11. G. Bonnet, *Les Perversions sexuelles, op. cit.*, p. 38.

12. É. Zarifian, *Des Paradis plein la tête*, Paris, Odile Jacob, 1994.

13. « Sur quelques relations entre psychoses, psychotropes

et psychanalyse », *Psychanalyse à l'université*, 16, 62, 1991, p. 135-149.

14. M. Gribinski, *Analyse ordinaire, analyse extraordinaire, Les Varia de la Nouvelle Revue de psychanalyse*, Paris, Gallimard, 1994, p. 79 : « Platon concevait l'*arété* comme un trait spécifiquement humain et l'a toujours distingué soigneusement des différents types de savoir : *doxa, epistémé, tekné.* »

15. Comme en témoignent les dessins d'enfants, selon Wladimir Granoff dans la *Nouvelle Revue de psychanalyse*, 44, automne 1991, p. 231.

16. Je renvoie à l'exemple catastrophique déjà cité précédemment : G. Bonnet, *Le Transfert...*, *op. cit.*, p. 13.

17. *Cf* G. Rosolato, *Le Désir et la perversion, op. cit.*

18. *Le Transfert..., op. cit.*

CHAPITRE IV
Le corps à corps du pulsionnel

1. *In Trois Essais de psychanalyse, op. cit.*

2. Tous ces termes sont présentés et argumentés dans Laplanche et Pontalis, *Vocabulaire de la psychanalyse, op. cit.*

3. Dans *La Violence du voir, op. cit.*, en particulier.

4. *Cf* la préface au livre de B. Brusset, *Psychanalyse du lien,* Paris, Le Centurion, 1988, p. IV.

5. Titre d'un article du précurseur de la *Gestaltheorie,* von Ehrenfels, publié en 1890, et qui n'a probablement pas échappé à Freud. Pour tout ceci, *cf* Y. Bres, « Freud au ras des pâquerettes », *Psychanalyse à l'université*, 19, 74, avril 1994, p. 3-46.

6. Alors que Freud y a été confronté au début de son œuvre : Amine Azar et Antoine Sarkis signalent que les saignements qui se sont multipliés chez Emma à la suite de la malencontreuse opération de Fliess font directement penser au syndrome de Lasthénie de Ferjol, et qu'on aurait grand avantage à les reconsidérer à partir de là (*Freud, parties carrées,* Paris, Z'éditions, 1993).

7. G. Bonnet, *La Violence du voir, op. cit.*

8. Le cas de Dominique a été rapporté dans mon livre sur *Le Transfert..., op. cit.*, et celui de Madame F. dans *La Violence du voir, op. cit.*

9. On se reportera pour tout ceci au livre de A. Azar et A. Sarkis, *Freud, parties carrées, op. cit.*, p. 53 *sq.*

10. Je parle de forme bien évidemment d'abord au sens du système pulsionnel classique, mais dans l'exemple qui sera donné le symptôme est aussi une question de « formes », au sens physique cette fois, et de formes particulièrement changeantes. Ce qui n'est pas l'effet du hasard.

11. J.-P. Dumont (éd.), *Les Présocratiques,* Paris, Gallimard, coll. « Bibliothèque de La Pléiade », 1988, p. 325.

12. L. Marin, « Figurabilité du visuel : la Véronique ou la question du portrait à Port-Royal », *Nouvelle Revue de psychanalyse,* 35, printemps 1987, p. 51.

13. Dans *La Violence du voir, op. cit.*

14. Qui n'occasionnera qu'une seule absence.

15. Il y aurait une étude à faire sur les effets de ces interruptions : sources d'angoisse *a priori* et de passages à l'acte en certains cas, elles sont au contraire l'occasion de changements considérables et positifs dans d'autres. Comme s'il fallait que le cadre et le contrat soient mis entre parenthèses pour que le dispositif pulsionnel puisse agir au grand jour.

BIBLIOGRAPHIE ABRÉGÉE

BONNET (G.), *Le Transfert dans la clinique psychanalytique*, Paris, PUF, 1991.

–, *La Violence du voir,* Paris, PUF, 1996.

CARROY (J.), *Hypnose, suggestion et psychologie,* Paris, PUF, 1991.

CHARCOT (J.-M.), *La Foi qui guérit,* Paris, Macula, 1984.

ELLENBERGER (H. F.), *À la découverte de l'inconscient,* Paris, Simep Éditions, 1974.

FREUD (S.), *Œuvres complètes*, Paris, PUF, en particulier Tomes XIII (Métapsychologie), XV (Les voies de la thérapie analytique) et XVI (Le moi et le ça).

HENRY (M.), *Généalogie de la psychanalyse,* Paris, PUF, 1985.

LACAN (J.), *Le Séminaire,* en particulier *Livre V* (Les formations de l'inconscient) et *Livre XI* (Les quatre concepts fondamentaux de la psychanalyse), Le Seuil.

LAPLANCHE (J.), *Nouveaux Fondements pour la psychanalyse,* Paris, PUF.

NASIO (J. D.), *L'Hystérie, ou l'enfant magnifique de la psychanalyse,* Paris, Payot, rééd. « Petite Bibliothèque Payot », 1992.

–, *Le Livre de la douleur et de l'amour,* Paris, Payot, 1996.

NIETZSCHE (F.), *Œuvres,* Paris, Robert Laffont, coll. « Bouquins ».

ROSOLATO (G.), *La Relation d'inconnu,* Paris, Gallimard, 1978.

ROUSSILLON (R.), *Du baquet de Mesmer au « baquet » de Freud,* Paris, PUF, 1991.

TABLE DES MATIÈRES

Mise en page PCA
44400 Rezé

Achevé d'imprimer en janvier 2008
par Novoprint (Barcelone)

Dépôt légal : février 2008

Imprimé en Espagne